経営戦略を問いなおす【目次】

JN227416

はじめに　007

第一章　誤信

1　いつでも誰でも戦略？　021
2　何が何でも成長戦略？　034
3　戦略はサイエンス系？　048

第二章　核心

1　立地　065
2　構え　079

3 均整 089

第三章 所在

1 戦略は部課長が考えろ？ 103
2 我が社には戦略がない？ 114
3 戦略は観と経験と度胸！ 125

第四章 人材

1 企業は人選により戦略を選ぶ 141
2 傑物は気質と手口で人を選ぶ 155
3 人事は実績と知識で人を選ぶ 167

第五章 修練

1 文系学生に送るメッセージ 183
2 中堅社員に送るメッセージ 193
3 幹部社員に送るメッセージ 204

あとがき 217

はじめに

†危うい光景

大企業で働く幹部社員たちが、教室に参集する光景を思い浮かべてみてください。みんなに目を閉じてもらい、尋ねてみます。「戦略という言葉を使ったことがありますか。あるならば、手を挙げてください」。しばらくすると、ほとんど例外なく全員の手が挙がるでしょう。

そこで、次の問いをぶつけます。「戦略という言葉を、腹の底から意味がわかった上で使っていますか。自信があるならば、手を挙げてください」。おそらく、教室には困ったなという表情が瞬時に広がるはずです。目を閉じたまま、苦笑いを浮かべて、首をかしげる人も多いと思います。でも、手は挙がりません。挙がったとしても、ちらほらという程度を超えることはないでしょう。

最後に、今度は目を開けてもらってから、もう一度尋ねます。「戦略という言葉を、腹の底から意味がわかった上で使っていますか。自信があるならば、手を挙げてください」。するとみんな周りの様子を探るべく、首を動かし始めるでしょう。そして何秒かしたのちに、おもむろに肘から上だけ手を挙げる人が出てきます。そうなると、連鎖的に周りの人もおもむろに、肘から上だけ手を挙げることになるはずです。

「さっき目を閉じていたときには手を挙げなかったのに、どうして今は手が挙がっているのですか」と即座にたたみ掛けてみます。言い終わる前に、教室は笑いの渦に包まれるでしょう。そして、ひとしきりざわめいた後に、「なぁんだ、自分だけじゃないのか」という安堵感が教室に漂い始めることと思います。

これが、戦略の危うさを象徴する光景です。何となくわかったつもりではいるけれど、あらためて問われると、どこか窮するところがある。にもかかわらず、立場上避けて通るわけにはいかない。ここに、大きな落とし穴があるのです。

†怪しい対照

マイケル・デル。戦略に関心を持つ人で、この名前を知らない人はいないでしょう。そう、パソコンの世界で直販モデルを構築した、辣腕の創業経営者です。大学在学中に起業して以来、押し寄せる日韓勢を跳ね返し、さらに天下のＩＢＭを撤退にまで追い込んで、ついに世界一の座を手に入れました。

そのマイケル・デル氏が、一九九九年に出版した自叙伝の中で、四つの競争戦略について語っています。「市場に素早くモノを届けること」、「同業他社に顧客サービスで負けないこと」、「最高の性能と最新の技術を有するコンピューターシステムを、顧客の要望に応じてカスタム化して、揺らぐことのない品質水準で生産することに、トコトンこだわり続けること」、「インターネットの可能性をいち早く開拓すること」、この四つがデルの躍進を支えた戦略だと言うのです。

そう聞いて、なるほどと頷く人は、重症です。でも、安心してください。世の中、重症患者だらけですから。

少し頭をひねってみましょうか。「スピード」、「顧客サービス」、「揺らぐことのない品質」、「最高の性能」、「最新の技術」、「インターネット」、この類のことを標榜しない会社など、あるのでしょうか。家族経営ならいざ知らず、それなりの体裁を整えた企業なら、どこでも喧伝する言葉ばかりです。それこそ、耳にタコができても不思議ではありません。でも、デルのような躍進を遂げる会社は、なかなか出てこないのが現実です。

何が違うのでしょうか。マイケル・デル氏が戦略として掲げる内容は、すべて単なる掛け声に過ぎません。掛け声なら、それこそ掛け放題ですが、掛けたからといって、必ず結果が出るというものではないのです。現に世の大半の「戦略」は、掛け声倒れに終わります。同業他社もよしとする理想論を、それを具現化するための方法論に踏みいることもなく、ただ叫ぶだけで戦略になるのなら、何の苦労もいりません。同業他社には再現できない何かを造り込む、そういうところに立ち向かわないかぎり、戦略にはならないのです。

マイケル・デル氏の著述に立ち返ると、面白い点は、何を言っていないかの方にあります。「カスタム化」というキーワードを除くと、いわゆるデル・モデルの構成要素がどこにも入っていないのです。直販もそうですし、VMI（部品メーカー等のベンダーがライン在庫を管理すること）もそうです。メディアはデル・モデルをはやし立てるのに、考えてみれば、腑に落ちない現象です。これは、マイケル・デル氏自身が、デル・モデルを手段と位置付けており、手段は絶対視しないことの証かもしれません。だとすれば、同業他社との違いが少し見えてくるのではないでしょうか。

私の見立てでは、デル・モデルは実際に躍進の原動力ではありません。詳細は別の機会に譲りますが、簡潔に述べておくと、パソコン事業の捉え方そのものに成功の鍵があるように思います。パーソナル・コンピューターというと、どうしても個人が頭に浮かびますが、この事業の主戦場はあくまでも法人需要です。この法人需要に事業の軸足を置き、余力で個人需要も取り込む構えになっているのは、私の知る限り、デルだけです。同業他社は、すべて「パーソナル」を真に受けて、個人需要に振り回されているのではないでしょうか。マイケル・デル氏自身は何も言いませんが、実はここに大きな違いがあるのです。

マイケル・デル氏が一流の戦略家であることに疑いを挟む余地はありません。競争が熾烈を極める市場で勝ち上がり、ダントツの利益を上げているのですから、それは確かでしょう。しかしながら、そのマイケル・デル氏が、自らの成功を導いた戦略を語るとなると、どうも冴えません。実に興味深い対照です。おそらく、彼の語る戦略が先にあって成功したというよりは、成功の現実が先に来て、その理由を明かす必要に迫られた。そこで無理矢理ひねり出した説明が、どうも釈然としないのではないでしょうか。

†虚ろな言葉

戦略という言葉には、何かしら重要で、しかも高尚という響きがあります。たしかに、子供はこんな言葉は使いません。現業に携わる大人ですら、口にすれば歯が浮くような言葉でしょう。だから滅多に使うものではないと思います。こうした事情から、戦略は、高学歴のホワイトカラーのみが使うことを許された、どこか特別な言葉という印象が蔓延するのです。

その結果として、高学歴のホワイトカラー社員がそれなりの役職に就いたのに、戦略を語らないとなると、バカと思われかねません。本当は自信のない人も、このプレッシャーに押されるため、遅かれ早かれ「戦略」を口にするようになるのです。いったん声に出してしまえば、不条理なもので、不確かなまま言葉を使っていることなどすぐに忘れてしまいます。こうして主要なオフィス街では、あちこちに「戦略」が響き渡るようになるわけです。今やパワーポイントがあるところには、必ず「戦略」があると言っても過言ではありません。

しかし、高学歴のホワイトカラーだからといって、どこかで戦略の概念をきちんと教わるのでしょうか。大学で戦略論を教える立場にある人間が胸を張って言うことではありませんが、まずは絶望的と言ってよいと思います。メーカーで活躍する理系の人たちは、戦略という言葉などまともに耳にすることもなく入社式に至るのが実情です。いきおい文系に期待がかかりますが、それも空しい望みに過ぎません。たとえ戦略の講義に出ていたとしても、二〇歳前後の学生が戦略を体系的に学ぶのは難しいのです。

考えてもみてください。会社の利益を、それこそ何十億円、何百億円、何千億円という単位で左右する戦略を、たかだか何千円の教科書と二〇時間程度の講義で習得できるとしたら、世の中、天と地がひっくり返るでしょう。会計や商法なら、支配的なルールが厳然として存在するため、その背後にある考え方を教科書に収めることは可能です。しかし、戦略にはルールどころか、成功のパターンすらありません。昨日の成功は、今日の失敗。それが戦略の世界なのです。戦略にはこういう側面もあるという話ならいくらでもできますが、それを聞いても、戦略が腹の底からわかったという状態にはならないでしょう。

わざわざ人から教わらなくても、自ら習得するという道も考えられますが、戦略の場合はそれも困難です。「愛」とは何か。「夢」とは何か。この類のことを学校で教わった人はいないと思いますが、「愛」や「夢」に関しては、「戦略」と同じような不確かさを感じることなどないはずです。それは、個人の経験と結びついた理解が可能だからです。同じ抽象名詞でも、「戦略」となると、そうはいきません。個人が自ら戦略を経験するチャンスなど、そんじょそこらに転がっているものではなく、それこそ教わりでもしない限り、本当に戦略はつかみ所がないのです。

かくして「戦略」は、今日も不確かな足取りで、独り歩きを続けます。「来期は戦略商品を市場に投入して……」、「中国の立地戦略を構築すべく……」、「ここは窮状を打開する戦略人事を断行しないと……」、「我が社もIR戦略を見直す時期に……」、「常識を覆す戦略価格を打ち出して……」、「今後は知財戦略を見直し……」、「品質改善戦略を協議した結果……」、「戦略投資は別枠で……」、こんな虚ろな言葉の残響が、オフィス街のあちらこちらから聞こえてくるような気がします。

†切なる願い

あのマイケル・デル氏ですら、頭の中では戦略という概念をわかってないとなると、もう大変です。リスクとは無縁の地に安住するサラリーマンが、ろくに勉強もしないで、戦略、戦略と振り回せば、当然のように怪我をします。わかっていないなら振り回すなと思うのですが、そうもいかないのが戦略です。職場の部下やアナリストを始めとして、多くの人が戦略を聞きたがります。求めに応じて戦略を口にすれば、もう引っ込みはつきません。その先は、組織が動きます。

「戦略」、または戦略もどきは、実害につながります。後付けの説明ならまだしも、戦略もどきが先に立つと、それこそ災難です。

結果が出るはずもないところで多くの人が費やす努力は、惜しいと言えば惜しいのですが、それはまだ小さな話です。心配すべきは、時間のロス。一度過ぎ去った時間は、二度と戻ってきません。意味のある手を打てたはずの時間を、空虚な戦略論議に費やしたり、そこで決まったことを実行するのに費やしていては、それこそ取り返しがつかないのです。競争相手も市場も絶えず動いているわけですから、無為に失う時間は、想像以上に高くつくことは胸に刻んでおくべきでしょう。

さらに深刻な実害は、「戦略」と称して実施される固定投資です。間違った工場を建ててしまう。不要な人を雇い入れてしまう。おかしな販売ルートを築いてしまう。勝ち目のない事業を始めてしまう。この類のことが起こると、何年も、何十年も、後の世代に負の遺産を残すことになってしまいます。私もそういう遺産をいくつも見てきましたが、選択の自由を制限される後輩たちは、本当に大変です。

この本は、そういう悲惨な実害が今以上に広がらないようにという願いを込めて書きました。「戦略」を経営者が下手に振り回すと、多くの社員が実害を被ります。「戦略」から経営者の腰が引けても、ジリ貧の実害が発生します。現場や実務に携わる人たちの地道な努力が、稚拙な経営戦略のために無駄に帰すのを看過するわけにはいきません。だから、経営者には多くを要求せざるを得ないのです。

というわけで、この本の第一のターゲットは経営者（会社や事業のトップ）の立場に既に就いている人たちです。そういう人たちが「経営戦略を問いなおす」ことによって無用な強迫観念から解放され、戦略で怪我をすることを回避できるとしたら本望です。もちろん、今さら何を問いなおすことがあるのかと反発が返ってくることは予想のうちです。それを承知の上で、あらかじめ宣言しておきますが、間違った思い込みは、意外なほど広く、そして知らぬ間に人の頭を侵食しています。誰しも例外という保証はありません。

いつの日か経営者という立場に就くかもしれない人たちも、この本がターゲットとする対象です。そういう経営者予備軍の人たちは、往々にして現役経営者の批判を口にします。ところが、「じゃあ、アンタがやってみろよ」となると、大半の人が尻込みするのではないでしょうか。それだけ経営、特に戦略は難しいものなのです。批判を口にする暇があれば、「その日」に備えて力を蓄えておくべきでしょう。

日本企業の経営を担う一部の人たちがいかに優秀かは、私自身もよく心得ています。凄いという人は何人も知っていますし、彼らがどこまで深く考え抜いて経営にあたっているかは絶えず目の当たりにしています。しかし、彼らとてマイケル・デル氏と同じで、自らの経験を整理する余地はあるでしょう。

この本を書くにあたっては、新書という媒体にふさわしく、わかりやすさを最優先するように心がけました。したがって、あっという間に読み通せると思います。しかし、再読に次ぐ再読に堪えるよう、内容は盛り込んだつもりです。そんな意図をくみ取って読み進めていただければ幸いです。

†確かな目的

戦略の目的は長期利益の最大化にあると私は捉えます。しかるに、利益追求を忌み嫌う風潮は今でも根強く残っており、そこまで血道を上げて利益を追うべきものなのか、疑問に感じる方もいることでしょう。この点について、私は以下のように考えます。

利益は商取引から発生します。その商取引は、売り手と買い手が揃って初めて成立しますが、どちらの側も自由意志の持ち主です。どちらかが一方的に得をするわけではありません。交換に応じることが自らを利するると当事者が判断するからこそ、市場取引が成立するのです。ということは、市場取引が行われる前と後を比べると、売り手も買い手も幸福度が増すはずと考えてよいでしょう。

経済学が経済成長を是とするのは、この理由によります。市場取引のボリュームが増えれば増えるほど、人々の幸福度が増すと考えられるのです。しかも、その陰で誰一人として犠牲になるわけではありません。これが市場取引の素晴らしい点です。

松下幸之助氏は、産業報国を謳う一方で、企業の社会貢献度を測るバロメーターが利益だと表現したそうです。彼は学校で経済学を教わったわけではありませんが、直感的に経済原理を理解していたのでしょう。人が望むモノを、こなれた価格で提供すれば、それだけ新たな市場取引が起こります。多くの人が市場取引に参加すればするほど、多くの人の幸福度が増大し、企業の利益も増えるのです。

もちろん、人を騙して手にする利益や、自然環境を破壊して手にする利益など、全くの論外です。手段を選ばない利益追求を肯定するつもりは、私も毛頭ありません。ただし、問題を混同しないでください。利益のために犠牲にしてはならないのが何かを明確に定め、定めたことを遵守させるのは、政治や司法の仕事です。

利益追求を全般に抑制せよといった筋違いの議論がまかり通らないようにするためにも、人々が安心して市場取引を拡大することができるようにするためにも、政治や司法にはもっともっと頑張ってもらわないと困ります。特に日本では、規制を緩和するのに忙しく、不正な利益追求の余地をなくすルールがまだまだ不足しています。既に存在するルールの遵守も徹底されているとは言い難いでしょう。その点では、市場経済大国、または消費者保護大国であるアメリカに倣うべき点は数多く残されていると思います。

この本で取り上げる利益の追求は、以上を前提とした上での話であることを頭の中に入れておいてください。戦略と言うと、競合他社との間で派手に利益のぶん取り合い合戦を演じる姿を思い浮かべる人も多いと思いますが、それは違います。戦略とは、新たな市場取引を創造し、それによって人々の幸福度を増進させるものなのです。そう言われてハッとする人は、「経営戦略を問いなおす」作業に是非ともお付き合いください。

第一章

誤信

経営戦略を問いなおす。そう振りかざした本書のオープニングでは、疑問を呈すべき思い込みを取り上げることにしました。経営戦略については、大小様々の誤った通念がまかり通っているのが現状で、それを放置したままでは、コミュニケーションが成立しないおそれがあると考えるからです。その意味で、ここは次章以降への地ならしと受け止めてください。

とはいうものの、ここにはいくつかの重要な認識が登場します。長期利益の不動性や売上成長の不毛性がその代表格ですが、いずれも大規模データに基づく事実です。図表をしっかりと吟味していただければ幸いです。

第一節は、戦略の汎用性に疑義を唱えます。本当の戦略は、戦略の限定性を認識するところから始まる、そんなストーリーです。

第二節は、成長戦略という概念を俎上に載せます。本当の戦略は、売上を伸ばすことを目指すものではなく、売上を選ぶもの、そんな視点です。

第三節は、戦略に客観性と普遍性を求める発想を打ち砕きます。本当の戦略は主観に基づく特殊解、という話です。

1　いつでも誰でも戦略？

†暗黙の仮定

それなりに頭の良い人が、推論の過程を途中で間違えることは滅多にありません。間違えるとしたら、推論の前提となる仮定の方です。たとえば歴史を振り返って、勝てるはずもない軍事衝突に誰かが踏み切った事例を見てみると、味方の戦力を過大評価したり、相手の戦略を過小評価したり、どこかに誤信があるものです。ワーテルローのナポレオンもそうですが、結果は往々にして「こんなはずじゃなかった……」といううめき声に終わります。これが、暗黙の仮定の誤りに後になって気付くというパターンです。

戦略に関しても、話がおかしくなる最大の原因は、暗黙の仮定にあると言ってよいでしょう。なかでも罪深いのは、「いつでも誰でも」の仮定です。

面白いことに、ＭＢＡの授業や企業研修の場で「自分が携わる事業の戦略を描いてみてください」と課題を出すと、必ず「戦略」が出てきます。戦略などそれまで考えたこともない人や、実務の世界にどっぷりつかっている人から、まるで打ち出の小槌という趣で、もっともらしい「戦略」が出てくるのです。私が出す課題に一生懸命取り組んでくれる受講生には申し訳ない言い方になりますが、考えてみれば不思議な光景です。

同じことは、会社の中でも起こります。「重要な職位に昇進した以上、戦略をきちんと練らないと……」、「今度の会議は重要だから、それらしい戦略を語らないと……」、「次の交渉はヤマ場だから、戦略をもって臨まないと……」、およそこんな具合です。口にこそ出して言わないにせよ、こういう発想は至る所であたりまえになっているのではないでしょうか。

ここに共通するのは、求めに応じて戦略をひねり出すという姿勢ですが、そこには実に大胆な仮定が潜んでいます。すなわち、いつでも必要に迫られれば戦略をひねり出すということは、自分が志を立てさえすれば世の中は必ず変わると仮定していることになるのです。さもなければ、世の中を変えるつもりなど毛頭ないのに、言葉遊びをしているに過ぎないということになってしまいます。自覚のある人は極めて少ないと思いますが、理屈の上ではそういう話になっています。

あらためて考えてみてください。意志の力で本当に何でも変えられるのでしょうか。我が身に関しては、皆さんも既に答えが身に染みておられることでしょう。会社とて、様々な力関係の中で、今の姿に落ち着いているのです。先輩たちが怠惰であったわけでも、思慮が足りなかったわけでもないはずです。それを無風状態の中で一気に変えるなど、素手でできることではありません。無理も甚だしいと考えるのが道理です。

戦略論の世界では、柔道のメタファーがしばしば登場します。相手の力を逆手にとって、大きな相手を投げ飛ばす、そんなイメージです。企業も現状を大きく変えようと思えば、市場や競合、または社会や技術の変化を巧みに捉え、それに乗じることを考えるに限ります。自分が技さえ掛ければ勝負がつく……なんていう具合にコトが運ばないのは、柔道も戦略もさして変わらないのです。

†計画の呪縛

「いつでも誰でも戦略」と発想するのは、別に個々の社員だけではありません。会社の制度が、暗黙の仮定を組み込んでいるのです。罪深さという点では、むしろこちらの方が深刻でしょう。

たとえば、中期計画。どこの会社にも三年に一度は当たり年があって、上を下への大騒ぎになるはずです。この本を手に取った人も、「来年度は中計を作らないといけないから、戦略を考えないと……」というプレッシャーに押されて、というケースが結構多いのではないでしょうか。近年ではアナリストが存在感を増していることもあり、中期計画なしでは済まされない、そんな風潮が支配的です。

毎年の事業計画も似たようなものです。三月決算の会社では、秋も深まってくると判で押したように「そろそろ来期の事業計画を考えないと……」と幹部陣が動きだします。リスの生息地では、ドングリを拾い集める彼らの忙しそうな姿を見かけるようになると秋、そんな季節感がありますが、現代の大企業も負けていません。毎年恒例の年中行事、事業計画が話題に上ることで季節の移り変わりを感じる人も少なくないはずです。

これは、よくよく考えてみると、実に不思議な話です。戦略が、カレンダーに連動して、定期的に策定されることになっているのです。市場や競合がどう動いていようがおかまいなし。世界のどこかで政変があっても、カレンダーはカレンダー。ベルリンの壁が倒れようが、世界貿易センタービルが崩れ落ちようが、それを反映させるのは次の計画策定時。そんな姿になっているのです。

もちろん計画と戦略は別物です。計画の前に戦略ありき、そういう状態を作らないといけないのですが、コンセンサスを重視する日本の会社の中で、組織を動かすのは計画になっています。会社の将来像を意識して考えるのも、計画策定時に限られるのではないでしょうか。だとすれば、計画と戦略が事実上一体化しているわけです。このあたりは、欧米でもたいして変わりません。欧米では、明示的に「戦略計画」と呼ぶくらいです。これは計画にもっと戦略性を持たせようという発想の現れですが、やはり計画と戦略が一体化している点に違いはありません。それがまずいのです。

機を見るに敏という表現がありますが、計画の世界には、「機」の概念などありません。自分たちの都合に「機」を無理矢理合わせることになっているのです。したがって、計画の立案と遂行に熱心になればなるほど、組織は機動性を失うようにできています。そういう計画の承認や監視をもって経営とする会社のトップが、計画に縛られる社員に向かって「スピード経営」の重要性を説くとしたら、何とも釈然としない話です。既定の計画の遵守達成と臨機応変が、両立するとでも考えているのでしょうか。

誤解のないように書いておきますが、計画は計画で必要です。計画がなければ、そこらじゅうでヒトやカネを始めとする経営資源の調達が間に合わなくなり、会社はガタガタになるでしょう。計画を策定するという行事がなければ、会社全体が惰性に流されるのも目に見えています。だからこそ、現行業務のための計画とは別に、組織を超えた次元で、経営者が明日のための戦略を打ち出さないと困るのです。

講釈は一休みにして、データを見てみましょうか。かなりの労力と研究予算を投入して、苦労の末に完成させたデータベースがあるので、その一端を紹介することにします。経営の世界は勝てば官軍で、実績の裏付けさえあれば、経験談でも意見でも何でも語り放題です。しかし、まともなデータに裏打ちされた見識が少ないのは何とも残念です。学者の怠慢と言われないように、ここでは大規模データが描き出す法則を浮き彫りにしてみたいと思います。

†データの声

用意したデータは、日本の大企業、六七二社をカバーする単独決算数値です。二〇〇〇年時点で三大証券取引所に一部上場する企業のうち、一九八〇年時点で同じく一部または二部上場していたところを選び出し、さらに二〇〇〇年時点の業種分類が製造業以外となっているところを振り落とすと、最終的に六七二社が残ります。一口に言えば、上場の歴史が二〇年を超える製造業の大企業、それが分析の対象です。詳細に関心のある方は、私が書いた論文で、「国民経済雑誌」第一九三巻第五号に掲載されているものを一読してください。データ処理の詳しい手続きは、そちらに記してあります。

さて、注目してほしいのは、表1—1—1です。細かい数字がたくさん登場する表です

表1－1－1　実質営業利益額による企業の分布と年代別推移

576	2	3	21	19	43	61	105	102	96	51	21	10	9	33	1960年代	8	1	1	5	33	99	136	97	96	60	24	5	9	2	576
1	1														2048~														1	1
3	1	1	1												1024~													2	1	3
10			6	3	1										512~											2	1	7		10
17			5	3	5	3	1								256~									1	3	9	4			17
45		1	5	5	15	9	7	1	1					1	128~								1	6	26	12				45
72			3	6	12	21	22	4	1		1		1	1	64~						1		8	37	25	1				72
101			1	1	4	17	29	18	14	5		1	1	10	32~					1	2	14	40	38	6					101
142				1	3	6	24	33	31	18	7	3	1	15	16~				2	5	20	68	36	11						142
125		1			3	3	15	34	30	18	9	5	4	3	8~	6			1	11	49	44	11	3						125
49						2	6	11	14	7	4	1	1	3	4~	1	1	1	2	12	21	10	1							49
9							1	1	4	2			1		2~					3	6									9
1		(D面)							1						1~					1							(A面)			1
1										1					0~	1														1
0															~0															0
1990年代	2^{11}~	2^{10}~	2^{9}~	2^{8}~	2^{7}~	2^{6}~	2^{5}~	2^{4}~	2^{3}~	2^{2}~	2^{1}~	2^{0}~	0~	~0		~0	0~	2^{0}~	2^{1}~	2^{2}~	2^{3}~	2^{4}~	2^{5}~	2^{6}~	2^{7}~	2^{8}~	2^{9}~	2^{10}~	2^{11}~	1970年代
15							1	1	3	1	4		1	4	~0	2			1	1	4	3	2	1						14
2					1				1						0~					1						1				2
3											1			2	2^{0}~					1	1	1								3
16							1	2	3	5	2	2	1		2^{1}~				1	2	8	4			1					16
36							1	2	11	13	3	1	3	2	2^{2}~	2	1		2	8	18	3	1							35
108						1	8	18	39	22	8	4		8	2^{3}~	3		1	2	14	41	36	7	1						105
162					2	1	18	64	45	10	3	2	4	13	2^{4}~	1				8	43	74	28	3						157
121			1			14	61	22	12	3	1	2		5	2^{5}~						5	36	48	25	1					115
89					8	39	26	11	3		1		1		2^{6}~							3	23	46	12					84
69			1	8	23	20	13	1		2				1	2^{7}~							1	1	28	36	1	1			68
29		1	7	11	9	1									2^{8}~							1		1	11	12	3			28
11		1	6	1	3										2^{9}~											8		3		11
10		2	6	2								(C面)			2^{10}~			(B面)								2	1	6	1	10
1	1														2^{11}~														1	1
672	1	4	21	22	46	76	129	121	117	56	23	11	10	35	1980年代	8	1	1	6	35	120	162	110	105	61	24	5	9	2	649

が、パターンを視覚的に読み取ることが目的なので、たじろがないでください。

　まず全体を四分割する軸は、インフレやデフレの効果を除去した実質営業利益の額を測る階級分類を示しています。この分類には2（単位は億円）の指数を採用しているので、実質利益が倍になれば階級が一つ上がり、半分になれば階級が一つ下がるという具合になっています。中心から上に伸びる軸は一九六〇年代、同じく右側に伸びる軸は一九七〇年代、下に伸びる軸は一九八〇年代、左に伸びる軸は一九九〇年代の十年間をならした平均利益を測ります。指数表示はわかりにくいので、一九六〇年代の軸だけは、絶対額に換算しておきました。たとえば一番上の階級は、二〇〇〇年の貨幣価値で二〇四八(2の一一乗)億円以上に相当するという具合です。一番下の階級は、赤字を示します。

表のA面、B面、C面、D面に登場する数字は、該当する企業数を表しています。たとえばA面を見ると、実質営業利益が一九六〇年代には平均で一六億円以上三二億円未満、一九七〇年代には平均で三二億円以上六四億円未満という企業が三六社あるという具合です。外周の四辺には、各面、各階級ごとに、企業数の合計を記してあります。そこを見ればわかるように、全体では六七二社を扱っていますが、一九七〇年代のデータがあるのはそのうちの六四九社で、一九六〇年代のデータがあるのは五七六社となっています。

†不動の利益

表1―1―1の各面を一目見ればわかるように、ここには対角線が鮮やかに浮き立っています。その上下、または両隣のマスも含めれば、残りは例外と見なしても差し支えなさそうです。A面とB面では、対角線への集中が圧倒的に目立ちます。一九八〇年代から一九九〇年代にかけては(C面)、相対的にバラツキが目立つようになりますが、これはバブル経済の終焉と無縁ではないのかもしれません。

企業が対角線に乗るということは、一〇年単位の尺度で見る限り、利益水準に大きな変動がないことを意味します。貨幣価値の変動を除去すれば、長期の利益が倍になったり、半分になったりということは、そう簡単に起こるものではないのです。企業の長期利益は、意外と安定しています。

ここで「意外」と言うのは、企業利益は激しく変動するものというイメージが、恐らく一般には存在すると思うからです。新聞を始めとするマスメディアは、四半期や単年度の短期業績を報道するたびに、必ずと言ってよいほど、対前年比を喧伝します。そうなれば、いきおい変化に目が向かうのは当然でしょう。

しかしながら、短期利益の上下動は、ほとんどが企業の外部要因を反映するものなのです。その証拠に、同じ業界で企業間の比較をすると、たいていの場合は、互いに連動して上下する様が目立ちます。企業間で違うのは利益の水準であり、変化の方向と大きさに関して言えば、景気や為替レート、または原材料や製品の市況などを色濃く反映するため、だいたい似たところに落ち着くようにできているのです。

しかも、こういう短期の上下動は、一〇年単位で眺めると、上振れと下振れが互いに打ち消し合うようにできています。市況や為替が一〇年を超えて一方的に上がりっぱなし、または下がりっぱなしということは、まず起こりはしないのです。価格が上がれば、供給が増えて、いずれ価格は下がる。価格が下がれば、需要が増えて、いずれ価格は上がる。まさに経済学の教えるとおりになります。一〇年や二〇年という長期で見ると、やはり経済法則は強力に効いているのです。

表に戻って、D面に注目してみてください。ここの両軸の間には四〇年という歳月が流れていますが、何と四社に一社は対角線にとどまっていることがわかります。企業の決算発表は、貨幣価値の変動を考慮に入れない名目値で行われるため、インフレによるかさ上げを含みます。それを取り除いた実質値では、こんな様子になっているのです。ちなみに、D面では、五社に一社が利益の倍増、同じく五社に一社が利益の半減という結果に終わっています。一〇社に一社は利益が倍の倍、同じく一〇社に一社は利益が半分のまた半分、そんな姿です。見事なまでに左右対称の正規分布になっています。

どうですか。意外な結果でしょう。四〇年もあれば企業はもっと大きな発展を遂げるものという思い込みがあると思いますが、発展しているように見えるのは、実はほとんどがインフレの反映に過ぎないのです。高度成長の寵児、あの松下電器産業ですら、一九六〇年代の単年度実質営業利益は二の九乗億円台、それが一九七〇年代になると二の一〇乗億円台、一九八〇年代も二の一〇乗億円台、そして一九九〇年代になると二の九乗億円台に逆もどり、それが実績値です。トヨタ自動車とて、さほど変わりません。一九六〇年代の単年度実質営業利益は二の一〇乗億円台、そして一九七〇年代以降はずっと二の一一乗億円台です。ともに四〇年間に一階級分の移動しか経験していません。長期利益とは、そのくらい変わりにくいものなのです。

†戦略の使命

変わりにくい長期利益、それを一〇年単位でいかにシフトアップさせていくか、それが本当の戦略だと私は考えています。変わりにくいものを変えるのでなければ、わざわざ戦略などという大仰な表現を使う必要はないでしょう。本来は安定している水準をいかに上に向かって変位させるのか、または突然の転落をいかに防ぐのか、これぞ戦略を要する難業です。

一〇年単位の長期利益は、いわば企業の実力値を反映します。一〇年もあれば、その間に多くの商品を世に問うことになり、アタリもあれば、ハズレもあるでしょう。そういう個々の商品に関して「戦略」を語る人もいますが、それは空しい限りです。企業の長期利益は、個別商品の浮沈を超えた次元で決まっているからです。ヒットの確率を全体として高める施策なら戦略と呼ぶに値しても、個別商品の仕様や価格の設定、原価低減策や販売促進策は、実務部隊の司る戦術とみなすべきでしょう。経営は、もっと大きなところ、目に見えないところに向かわないと、話にならないのです。

一〇年単位で実力値を着実に向上させていく。そんな戦略が見事に機能している例は、たとえばキヤノンに見ることができます。この会社の実質営業利益を見ると、一九六〇年代は二の五乗億円台、一九七〇年代は二の七乗億円台、一九八〇年代は二の八乗億円台、一九九〇年代は二の九乗億円台と、確実に指数が上昇しています。コニカと経営統合するに至った同業のミノルタは、やはり一九六〇年代に二の五乗億円台から出発したものの、結局五乗にとどまったままでした。キヤノンの躍進は、自然の力や運で説明できるものではなく、何らかの戦略が機能した結果と考えるほかないでしょう。

キヤノンの躍進の原点は、一九六二年にさかのぼります。これは、カメラが絶好調の最中にあるタイミングです。ここで、キヤノンは創業の事業であるカメラに加えて、事務機事業への参入を決断したのです。他のカメラメーカーには、その必然性は全く見えなかったでしょう。キヤノンは、このあとにも大きな決断をいくつか下しますが、すべては一九六二年の決断があってのことです。本当の戦略とは、こういうもので、やはり機を捉えることが本質的な重要性を帯びているのです。

このように本当の戦略が見事に機能したと認められる会社は、六七二社の中におよそ三〇社、全体の五%弱あります。世の大半の企業は、戦略という言葉を口にしても、実は本当の戦略になっていないわけで、だからこそ、戦略の何たるかを問いなおす必要があるわけです。その中身については、次章以降で順を追って説明しようと思います。

ここでは取りあえず、長期利益の安定成長を図ることが本当の戦略であるという認識を、しっかり頭の中に入れておいてください。いつでも誰でも、思い立った時に立てられるようなものは戦略ではありません。そういうものは、短期の戦術です。戦術と戦略を混同すると、本当は誰も戦略をまともに考えていないという現実から目をそらすことになりがちです。それでは困るので、戦術と戦略はきちんと区別することをお勧めします。

企業に勤める大半の人にとって重要なのは、戦術です。これはこれで、企業業績を支えていく上で欠かせません。この本では戦略を担う経営者ばかりを取り上げていますが、実務部隊の果たす役割の大きさは私も十分に認識しています。しかし、それとは別の次元で、経営者が長期利益の安定成長を図る戦略をまともに考えているかどうかは、企業や事業部の浮沈を大きく左右するのです。表1―1―1をもう一度見てください。各年代で、長期利益が赤字ゾーンに転落していく企業も、実は少なからず存在しています。本当の戦略は、こういう事態を防ぐためにも、必要にして不可欠なのです。

2　何が何でも成長戦略？

†因果のねじれ

成長戦略。これを耳にしたことがない読者は、おそらくいないと思います。そのくらい、至る所で普通に使われている表現です。企業にとって成長することが重要と考える人は、世の主流派を成すのでしょう。

しかし、考えてみると、これは何とも奇妙な表現です。「成長戦略」と口にした瞬間、成長が「目的」であると認めることになってしまうからです。企業や事業の規模、すなわち売上高は、本当に自らの意志で伸ばしていくべきものなのでしょうか。

今さら繰り返すまでもありませんが、売上は顧客なしでは成り立ちません。自社のプロダクトやサービスを、自由意志を持つ顧客が受け入れてくれて初めて売上が上がるのです。そのプロセスでは、他社のプロダクトやサービスも検討対象に入るでしょうし、支出をしないという選択肢もあるわけです。そういう顧客を前にして売上目標を語るとは、何ともおかしな話です。顧客に向かって、購入目標を持てとでも言うのでしょうか。

売上目標が先に立つと、逆説的ですが、顧客が見えなくなります。顔の見える顧客に購入を押しつけるのが理不尽であることくらいは誰にもわかるので、どうしても目標は顔の見えないマスの顧客に向かうことになるのですが、それは「どこかで誰かが買ってくれるだろう」と高を括るようなものです。そこから先は、無責任な数字が独り歩きを始めます。実績が目標に届かなければ、景気を始めとする外部要因にいくらでも理由を求めることができるので、コミットメント（何が何でも達成するという公約）などとはおよそ縁のない世界が現出するのです。

この図式は、新たな事業に手を染める場合にも成立します。自らの成長を「目的」とする限り、相手のことは二の次にならざるを得ません。「機」があるのかないのかは、おかまいなし、ひたすら自らの都合のみを押し通す。まさかと思うかもしれませんが、冷静に考えてみると、そうなっていることを否定できないはずです。

私の見たところでは、優れた企業は成長を「目的」としません。目を見張るような成長を遂げていても、それはあくまで「結果」に過ぎないのです。「目的」は、実質のあるところにあり、それが大きな価値を生み出すから自然に顧客が集まってくる、その結果として成長が実現する、そんな因果になっています。

もちろん、「目的」と「結果」と言っても、その区別は微妙です。誰が見ても明らかな区別があるわけではありません。現に成長戦略という表現には、成長を「目的」とするのみならず、そのための「手段」をちゃんと考えようという意が込められていると解釈することも可能です。手段をしっかり考え抜いた上であれば、成長は「結果」に転ずるように見えなくもありません。しかし、この解釈には無理があります。成長を遂げるための「手段」があまりにも広く、そこから様々な実害が発生するのです。

見てください。成長戦略が生み出した問題事業、過剰設備、余剰人員、巨額負債を。成長戦略という名の下に抱え込んでしまった経営資源が、リターンを生まずに鎮座したまま、多くの日本企業を存亡の危機に追い込んだことは記憶に新しいはずです。これは何もバブル経済の破綻に端を発する問題ではありません。もっと根の深い問題であることを認識しないとまずいでしょう。

†成長の不毛性

日本企業の戦後四〇年間を振り返ってみると、成長戦略の功罪が明白に浮かび上がってきます。ここでは、前節で紹介した六七二社のデータによって、その点を確認してみましょう。いずれも、二〇年以上の上場歴を持つモノ造り企業ばかりです。

まず一方で、日本企業は目覚ましい成長を遂げています。一社あたりの実質売上高に注目すると、一九六〇年には七三一億円、一九七〇年には一二六八億円、一九八〇年には一七一一億円、そして一九九〇年には二二九五億円となっています。二〇〇〇年は二二九三億円にとどまるので、一九九〇年代が失われた一〇年と呼ばれるのもわかる気がしますが、それ以外は明白な拡大を記録していると言ってよいでしょう。実質成長率を計算すると、六〇年代が五・六%、七〇年代が三・〇%、八〇年代も三・〇%、九〇年代が〇・〇%、そんな数字になっています。

ところが他方では、成長の代償とも呼ぶべき現象が売上高営業利益率に現れています。利益の額を売上高で相対化するこの指標は、売上高の増加に伴って利益がちゃんと増えているかどうかをチェックするのに適しています。この指標の推移を四〇年間にわたって追ってみると、図1―2―1のグラフができあがります。

私が何を言いたいのかは、まさに一目瞭然でしょう。六七二社の利益率は、短期で見ればアップダウンするとしても、四〇年の傾向で見れば、どう見ても下降の一途を辿っているのです。この傾向の前では、石油ショックやプラザ合意も影が薄いと言わざるを得ません。実際に回帰分析という統計学の手法を用いて直線をあてはめてみると、利益率のバラツキの八三%まで、グラフの中心を貫く傾向線で説明できることがわかります。その傾向

図１－２－１　製造業672社の売上高営業利益率

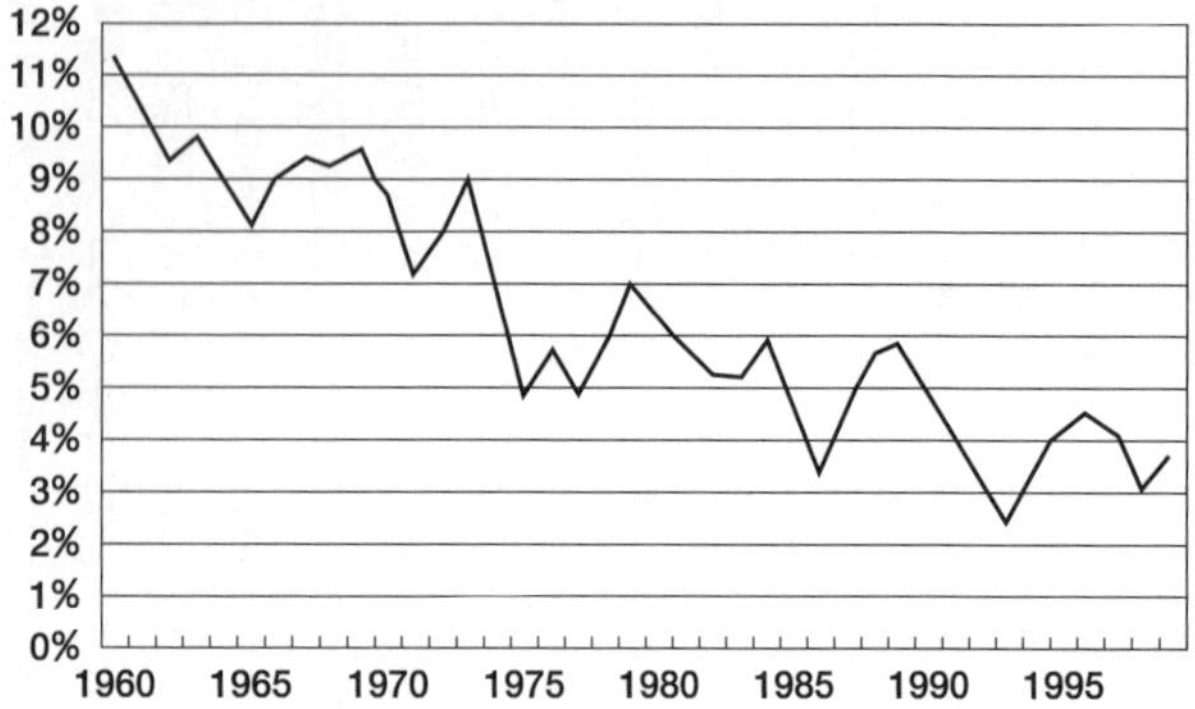

線は、利益率が一〇年で一・八％ポイント下がることを意味します。

事業を拡大すれども、利益が増えない。あたかも見えない天井に頭を押さえつけられているがごとく、全く増えない。まさかと思われるかもしれませんが、それが日本企業の現実です。一社あたりの実質営業利益額を拾ってみると、一九六〇年には八三億円、一九七〇年には一一〇億円、一九八〇年には一〇六億円、そして一九九〇年には一一七億円となっています。ちなみに二〇〇〇年は、一一一億円です。

この数字を初めて見たときは、私も自分の目を疑いました。売上は華々しく成長しているのに、利益は全くと言ってよいほど増えていないのです。失われた一〇年どころか、利益成長が止まって既に三〇年は経過しています。私の手元には二〇〇四年三月期、すなわち二〇〇三年の決算数字まであります が、実質ベースで見る限り、六七二社の最高益は一九七三年にさかのぼります。史上二位は一九八九年、三位は一九九〇年、四位は一九六九年、そして五位は一九八四年です。日本企業は、成長戦略の名の下に、いったい何をしていたのでしょうか。いくら何でも、問わずにはいられません。

営業利益は、政府に税金を払い、債権者に利子を払い、株主に配当を払うための原資です。不測の事態による特別損失を吸収するのも、営業利益です。二〇〇〇年前後の数字を見ると、六七二社は平均で二五〇〇億円以上の資金を投入して事業を営んでいるので、資本コストが四%に近づけば、それだけで一〇〇億円プラスアルファの営業利益がすべて吹っ飛ぶ勘定です。日本のモノ造り企業は、今や朱鷺《とき》よりも生存が危ぶまれる絶滅危惧種と考えた方がよいのかもしれません。

†戦略不全企業

ここまで見てきたのは、六七二社の平均値です。平均を取れば、企業間のバラツキが相殺されるため、全体の傾向が浮き立ちやすいことは間違いありません。それを考えると、利益率の漸減傾向がどこまで個別の企業レベルで見られる現象なのか、多少の疑問が残ります。その点を、念のために確認しておきましょう。

図1―2―1のようなグラフを全企業について掲載できれば理想的ですが、それをすると、それだけで一冊の本になってしまいます。そこで、それぞれの企業のグラフに直線をあてはめて傾向線の傾きに相当する回帰係数と、グラフと傾向線の一致度の高さを表す決定係数を取り出し、それでクロス表形式のヒストグラム（出現頻度表）を作成してみました。表1―2―1が、それにあたります。

傾向線の傾きが、一〇年に一％ポイントの上昇または下降の域を出ない企業は、明確なトレンドに従わないと見なしてよいでしょう。そういう企業は全体の二割強あります。その八割は決定係数が〇・二を割り込んでおり、利益率が四〇年にわたって安定しているというよりは、時間の経過と無関係なバラツキが大きいのだとわかります。

一〇年で一％ポイント以上利益率が低下している企業は、五一二社、すなわち全体の四分の三以上を数えます。決定係数が〇・二を割り込む企業を除外しても、なおかつ四五四社、すなわち全体の三分の二以上が残ります。逆に、四〇年を通して利益率が明確な上昇傾向にあった企業は、一〇〇社に一社程度です。

ということは、ざっと見て、日本のモノ造り企業の三社に二社は、図1―2―1に象徴される不毛な成長を遂げてきたと言ってよいことになります。戦略の有無は容易に判定できませんが、四〇年もの長期にわたって不毛な成長が続くとすれば、戦略が機能していないことは確かです。その意味で、表1―2―1の右下コーナーに集まる四五四社には、戦略不全企業の嫌疑が及ぶわけです。

ちなみに、四五四社のうち九〇社は、一九八〇年代も一九九〇年代も、実質売上高のマイナス成長を記録しています。おそらく、かつての成長事業が衰退の憂き目にさらされて苦しんでいるのでしょう。これは、一昔前の成長戦略が禍根を残したケースと考えればよいと思います。

表1－2－1　売上高営業利益率の時系列回帰係数と決定係数による企業度数分布

傾き	決定係数				合計
	0.0〜0.2	0.2〜0.5	0.5〜0.8	0.8〜1.0	
0.010〜				1	1
0.002〜　0.004		2	1		3
0.001〜　0.002	11	3	0		14
−0.001〜　0.001	117	22	3		142
−0.002〜−0.001	49	106	52	3	210
−0.003〜−0.002	7	60	66	12	145
−0.005〜−0.003	2	25	74	20	121
−0.007〜−0.005		7	14	1	22
〜−0.007		2	10	2	14
合計	186	227	220	39	672

しかしながら、四五四社の大半は、慢性的な衰退にさらされているわけではありません。いまでも成長戦略を追求していて、それが利益なき成長を生んでいるのです。現に二五〇社は一九八〇年代に平均よりも高い売上高成長率を記録しています。また一二〇社は、一九九〇年代に平均よりも高い売上高成長率を記録しています。

こうしてみると、どうも正真正銘の戦略不全企業が全体の三社に二社、そして今も無為な成長を追いかける企業が全体の二社に一社はあるという感じでしょうか。この中には、もう少し我慢すれば大きな利益が出てくるかもしれないシャープのような企業も含まれますが、そういう望みのある企業はほんの一握りでしょう。過度に卑下する必要はありませんが、能天気に日本企業礼賛論をぶっているだけでは済まされそうにない状況にあることくらいは正視した方がよさそうです。

†照準設定の妙

さて、全体像は明確になったと思いますが、それだけでは迫ってくるものがありません。最後は個別企業の事例に転じて、成長戦略の何がまずいのかを、具体的に描き出してみることにします。そのために、決定版とも呼ぶべきデータを用意しました。これを見れば、空虚な成長戦略と本当の戦略で、何が違うのかがはっきりするはずです。

まずは図1―2―2を見てください。ここに対比したのは、共にコネクターのメーカーと分類されるヒロセ電機とＳＭＫ（旧昭和無線工業）です。横軸が実質売上高、縦軸が実質営業利益、そしてそれぞれの目盛の取り方によって、対角線が売上高営業利益率二〇％のラインに相当します。対角線より左上は二〇％を超えており、対角線より右下は二〇％を割り込んでいることになります。

両社のグラフは、見事なまでに交わりません。ヒロセ電機が右上に向かって真っ直ぐ伸

図1－2－2　ヒロセ電機とSMK

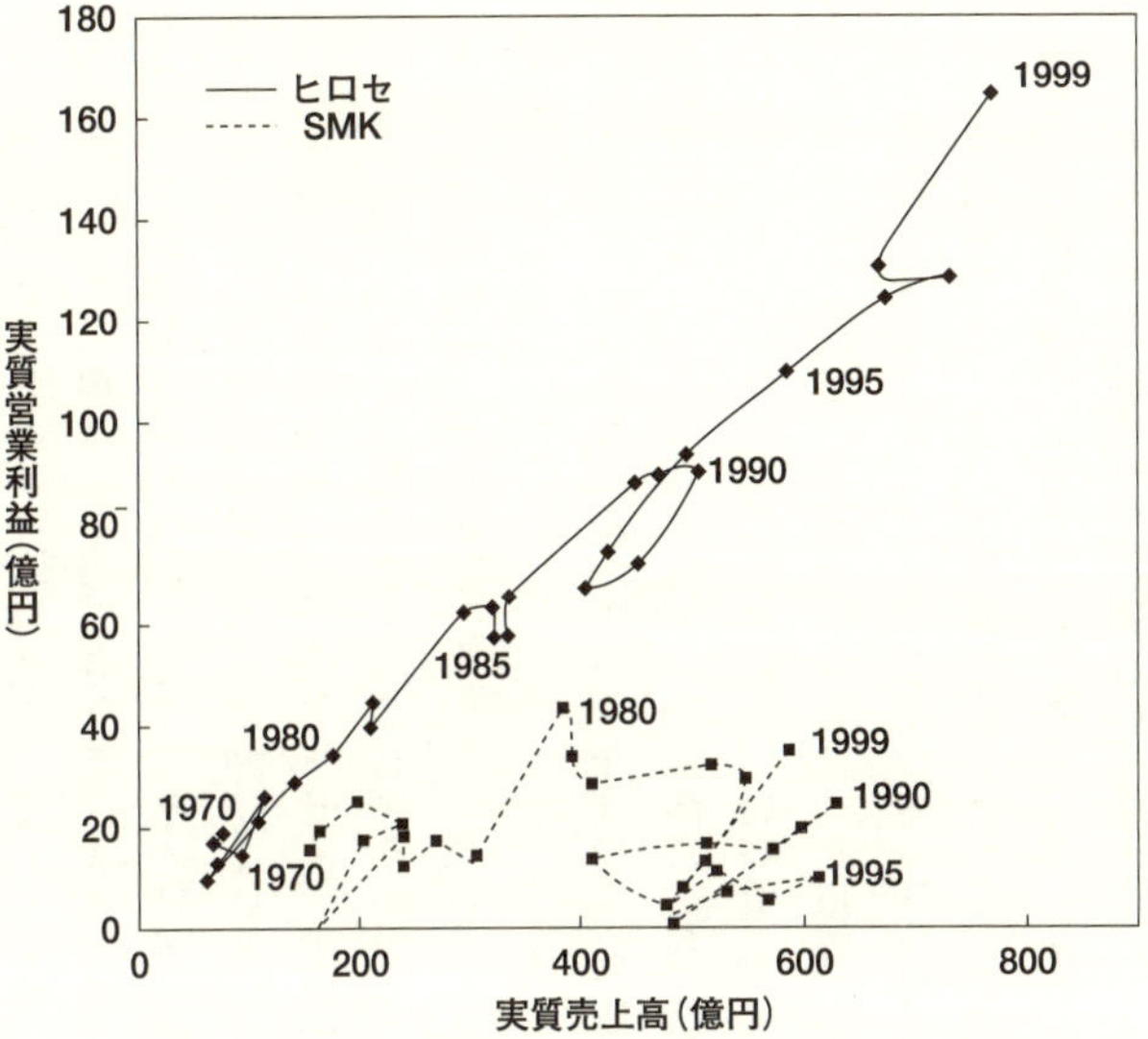

びていくのに、SMKは右横に向かって迷走しているからです。一九八〇年時点では、売上においても利益においても、SMKがヒロセ電機を凌駕しましたが、一九八三年以降、このSMKの最高益水準をヒロセ電機が下回ったことはなく、一九九六年には、ついに売上規模においてもヒロセ電機がSMKを逆転するに至っています。

同じコネクターを手掛けるにしては、あまりにも大きな命運の分かれ方です。何が違うというのでしょうか。違うのは、両社の照準です。

SMKは、一九七〇年代にはオ

ーディオ機器用のコネクターに注力し、それが斜陽化したあとは、コンピューター関連に力を入れています。要は、そのときどきの成長市場に照準を合わせて、そこへ量産品を供給するという姿勢を貫いているのです。その結果、数量は爆発的に伸びますが、単価の下落が激しく、売上や利益は思うように伸びないという図式に陥っているのでしょう。

ヒロセ電機は、量産品には手を出しません。主に特殊用途のコネクターを得意とし、開発品が標準品になると、販売を止めてしまうのです。図1―2―2のグラフが見事なまでに一直線を描くのは、それを堅持すべく、取ろうと思えば取れる売上を捨てているからと言ってよいでしょう。

次に図1―2―3を見てください。今度は共に産業用照明を手掛けるウシオ電機と岩崎電気の対比です。ここでも対角線が売上高営業利益率二〇％に相当します。ウシオ電機が右上に向かって伸びていくのに対して、岩崎電気は全体として右下に向かっているように見えるでしょう。両社の命運は、一九九一年以降、決定的に分かれました。

両社とも同じ原理に基づくランプをラインアップするのですが、違いはやはり照準にあります。岩崎電気は、屋外用照明を主力として、道路公団や自治体向けに事業を展開してきました。これは量の見込めるビジネスです。それに対してウシオ電機は、同じ産業用とは言いながら、付加価値を生む顧客の工程に用いられる照明に限定してビジネスを展開し

図1－2－3　ウシオ電機と岩崎電気

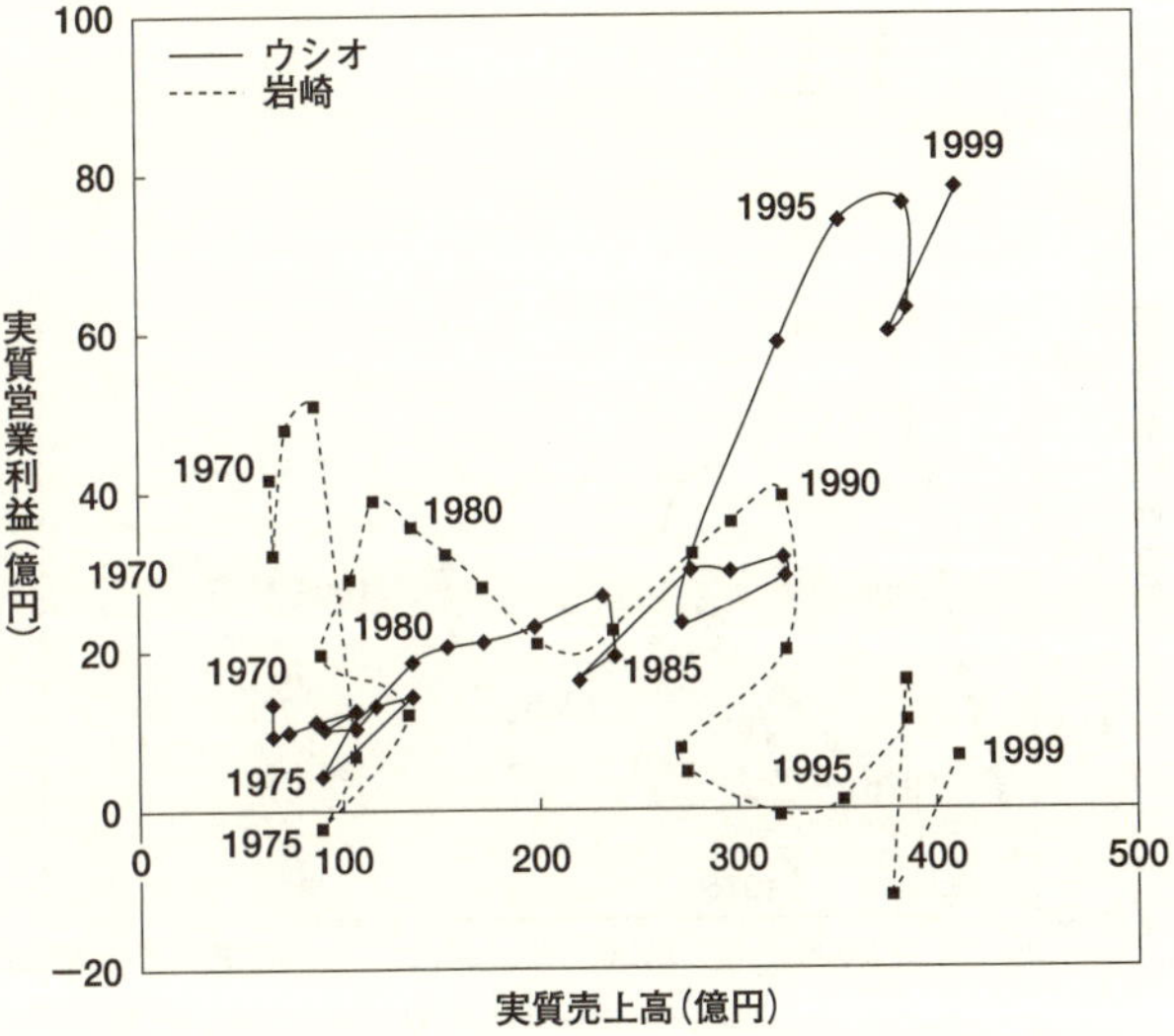

てきたのです。

最後に図1―2―4、共にFA機器を手掛けるキーエンスとオムロンの対比を見てください。ここでは対角線が売上高営業利益率一〇％に相当します。キーエンスのグラフが大きな傾斜を持つ一直線を描くさまは、まるで冗談という域に達しています。オムロンも一九七〇年代は右肩上がりの直線にほぼ乗っていたのですが、それ以降は横移動の迷走を始めてしまいました。

両社とも工場の自動制御に活路を見出した会社ですが、やはり照準に大きな違いがあります。キーエンスが一貫してソリューションを売りも

図1－2－4　キーエンスとオムロン

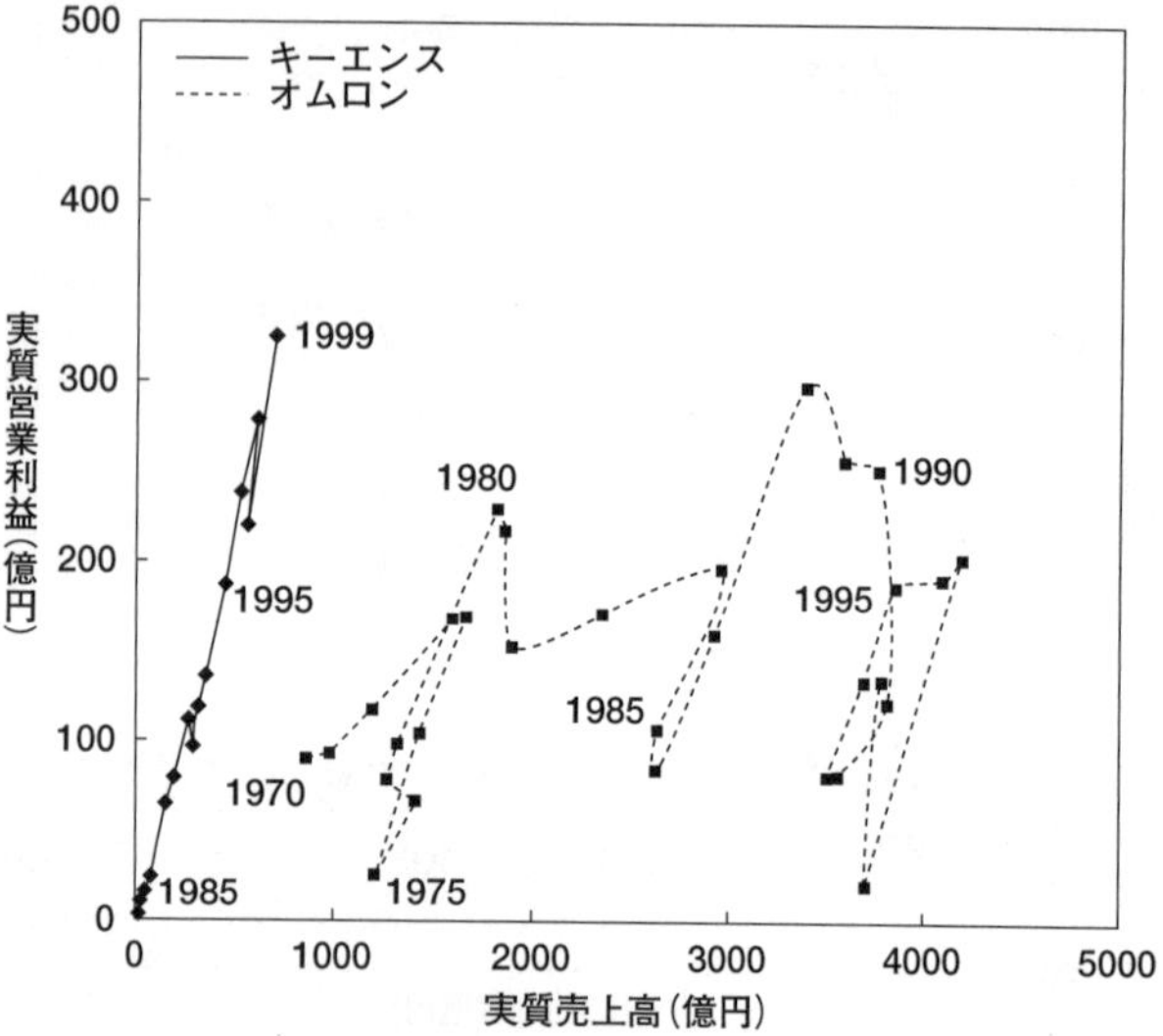

のとするのに対して、オムロンは機器の標準品大量生産に乗り出し、さらに川下に自らビジネスを多角展開しました。電卓や自動券売機や現金自動支払機がそれにあたります。その結果、オムロンの事業内容は著しく拡大したのですが、拡大分が利益を生むには至っていません。規模では圧勝のオムロンが、利益ではキーエンスの後塵を拝する。何とも不思議な対比になっています。

†選んでナンボ

三つの事例には、共通する特徴があります。ヒロセ電機もウシオ電機もキーエンスも、手を伸ばせば届くはずの売上に、敢えて手をつけていないのです。言い換えれば、売上は伸ばすものではなく、選ぶものという意識がどこかにあるのでしょう。そのためか、三社とも自社工場を大きく構えません。工場があると、どうしても工場を動かすために売上目標が立つのですが、そうなると本末転倒です。三社は、それを回避して、あくまでも売上選別の姿勢を貫いています。

もちろん、誘惑に打ち克つことは口で言うほど簡単ではありません。三社を見ると、そこにも秘訣があります。ヒロセ電機では、実質的な創業者の酒井秀樹氏が一九七一年から二〇〇〇年まで社長を務めました。ウシオ電機では牛尾治朗氏が一九六四年に創業して以来、現在まで社長、会長の座を占めています。キーエンスでは、滝崎武光氏が一九七四年に創業して以来、二〇〇〇年まで社長を務めました。会社に一貫性があるのは、経営体制に基礎があるのです。

他方、三社の対照相手となった側にも、興味深い事情があります。SMKでは、一九七三年に創業者から二代目へのバトンタッチが行われています。岩崎電気では、一九六五年に経営が創業者の手を離れました。オムロンでは、一九七九年に創業者から二代目へのバトンタッチが行われています。創業者がそれなりの照準を持っていても、二代目以降、またはサラリーマン経営者が、拡大路線に走りやすいのかもしれません。

いずれにせよ、規模を拡大した方が負けという図式が成り立つことは、意外だと思いませんか。成長を「目的」とする愚が、これで少しは伝わるのではないでしょうか。売上は、伸ばすより選ぶことが肝心なのです。また、そういう節操を保つことが、経営の奥義と知るべきでしょう。

3 戦略はサイエンス系？

†サイエンス教

「情報が国境を超えて瞬時に行き交う時代に、酒席で大事なことを決めるような経営者は辞めてほしい」、「社員と家族の生活がかかっているというのに、勘と経験と度胸で経営をやられたんじゃ、たまったもんじゃない」、「年金生活を支えようと退職金で株を買ったのだから、経営者は高給に見合う仕事をちゃんとしてほしいものです」

こんな声に押されてか、戦略を「サイエンス」に昇華させようという動きが、いつの時代にも絶えません。戦略を額面どおりサイエンスと捉える人はさすがに少ないようですが、象徴的な意味で戦略がサイエンスに近づくことを願う人はどう見ても少なからずいるのです。この節では、そういうサイエンス信仰を吟味してみようと思います。

サイエンス信仰の根底にあるのは、主観を忌み嫌い、客観を尊ぶ一種の価値観です。これは、姿形を変えて、いろいろなところに顔を出します。

たとえば、近年のMBA人気。日本のMBAは高給を約束するパスポートとして機能していないにもかかわらず、多くの人が休日を犠牲にして勉学に励んでいます。授業料にしても、ドラッカーの本を何百冊と買える金額です。そこまで犠牲を払ってどこへ行くのかと思えば、答えは「一昔前は誰も見向きもしなかった大学の文系学舎」と来ているのです。考えてみれば、世にも不思議な現象です。

言わずもがな、これがMBAという看板の効果です。大学が変わったわけでもなく、出願者層の学びたいという意欲が変わったわけでもなく、変わったのは唯一、学位の通称です。それでこれだけの変化が起きるのは、大学や教員に依存しない、標準化された中身があると思わせる魔力がMBAという看板に備わっているからでしょう。

これには二つの面があります。一つは、何に対して代金と犠牲を払うのかを、あらかじめ明示する効果。旧来の大学は、代金前納制で、商品仕様は不確定、品質保証は皆無という状態でした。

もう一つは、標準化そのものの効果。出願者は、人名の冠せられる○○経営学はもうたくさん、そう心の中で叫んでいるのかもしれません。その証拠に、グロービスの成功を見てください。名物教授がいなくても、日本にしっかり根を下ろしました。神戸大学でも、担当教官が毎年入れ替わるのに、出願状況に影響は表れません。大物教授よりは、客観性のある中身、それがMBA人気の意味するところだと思います。微妙な表現ではあるものの、これもサイエンス信仰の一形態です。

†戦略の主観性

人によらない。これはサイエンスの定義的な特徴です。正確に言えば、第三者の追試によって再現性を認められたものだけが、サイエンスを名乗る資格を与えられます。ここで言う追試とは、厳密に記述された手順に従って実験や観測を繰り返し行うことを意味しており、それで同じ結果が出現すれば再現性があると判定されるわけです。人によらないから、サイエンス。それが鉄則です。

サイエンスは、当初の発見者の手を離れ、瞬く間に普及します。再現性がある以上、これは必然の結末で、教科書が普及をさらに加速します。かくして我々も日々サイエンスの恩恵にあずかるのですが、誰に感謝すべきかを認識している人はほとんどいないでしょう。

それでは誰もサイエンスに取り組まなくなるおそれがあるので、ノーベル賞のような制度が意味を持つわけです。人によらないがゆえ、人を人為的に讃えないと、それこそもたないのです。

アートは、この点が大きく違います。モナリザと言えば、ダビンチ。アイネ・クライネと言えば、モーツァルト。こんな具合に、人の名前が残ります。そのかわり、この世界に教科書は成立しません。本を読めばダビンチやモーツァルトになれる。そう聞けば、誰しも疑ってかかるでしょう。アートは人の才能や生き様と密接に絡んでいるがゆえ、読者が求めるのは偉大な作品や作者に関する解説書と、だいたい昔から相場が決まっているのです。習うなら、一流の人から直接。それがアートです。アートから人を排除したら、それこそ何も残りません。

経営は、どうでしょうか。松下幸之助、本田宗一郎、井深大。トーマス・ワトソン・ジュニア、ヘンリー・フォード、サム・ウォルトン。洋の東西を問わず、人の名前がしっかり残っています。これは過去の話に限りません。奥田碩、カルロス・ゴーン、ジャック・ウェルチ、このあたりを思い起こせば、それはすぐにわかるでしょう。経営は、いつの時代も、人によるのです。

ちなみに、経営はノーベル賞と無縁です。賞がなくても名が語り継がれるため頑張る人はいくらでも出てくるわけで、社会として人を讃える必要がないのです。この点も、アートと同じと言ってよいでしょう。

経営戦略はアートだと断言すると、少し言い過ぎになるかもしれません。しかし、サイエンスよりはアートにはるかに近いことは間違いないでしょう。ある会社を、あるタイミングで任されたとき、何をするのか。どんな手を打つのか。どこに立ち向かっていくのか。これは、まさに人によりけりで、再現性は期待できません。だからこそ、功績は「あの人ならでは」と、人に帰せられるのです。

†戦略の特殊性

サイエンス信仰のもう一つの側面は、普遍的真理に価値を置く傾向です。理系出身者には特に目立つ傾向ですが、企業を超えて、時代を超えて、普遍的にあてはまる戦略の原理原則を求める人が跡を絶たないのです。戦略に、その手の普遍性はあるのでしょうか。

戦略に普遍性があるとすれば、実は困ったことが起こります。普遍性があるということは、誰が考えても、理詰めで推論を展開する限り、同じ結論に辿り着くことを意味します。そうなれば、右を見ても、左を見ても、同じ戦略を採用する企業だらけになってしまいます。その結果は横並びの同質競争、経済学が想定する完全競争の世界です。戦略は企業の長期利益を最大にすることを目的とするはずなのに、これでは利益など出るはずがありません。普遍性のある戦略を求めると、ろくなことにならないのです。

神戸大学の経済経営研究所を退官された吉原英樹先生は、戦略の本質を「『バカな』と『なるほど』」と表現されました。同名の本が絶版になってしまったのは残念ですが、素晴らしい着眼だと思います。要するに、戦略が「合理的」であれば、誰もが同じことを考える。よって、どこかに非合理の要素がなければ、独走につながらない。しかし、本当に非合理ではうまくいくはずがない。ということは、世の人々が「理」と思い込んでいる通念や慣行に潜む嘘を見破ることにこそ、戦略の第一歩があると言うわけです。

では、なぜ賢い人たちが思い込みの罠に陥るのでしょうか。そこで登場するのが、戦略のコンテクスト依存性という視点です。実を言うと、「ある時代に偉業を残した経営者が、別の時代に通用するとは思えない。その意味で、リーダーシップの有効性はコンテクストに依存する」と主張する本が、二〇〇五年に出版されました。“In Their Time”というアメリカの本ですが、これを読んで私も「これだ！」と膝を打った次第です。

考えてみてください。企業は、絶えずコンテクストに埋め込まれています。経済や社会の状況、技術やインフラ、人口構成や法体系、そういう外部要因に囲まれて存在するのです。この手のコンテクストは、時速一センチのスピードで流れる氷河のようなものであり、日々の動きは見えなくとも、確実に動いています。したがって、同じ企業をとっても、時が変われば、コンテクストは微妙に違ってくるのです。

企業がどこに立ち向かうべきなのか、その答えはコンテクストに依存します。それは、コンテクストが企業活動に制約を課すからです。企業が変わらなくとも、コンテクストが変化すれば、昨日の最善が今日も最善とは限りません。そこに戦略の醍醐味があると言ってよいでしょう。戦略は、あくまでもコンテクストに対応した特殊解なのです。

ここまで書けば、もう「『バカな』と『なるほど』」の極意がわかると思います。コンテクストの変化はゆっくりと起こるため、この変化を見抜くことは易しくありません。それがゆえ皆が見落としている変化に気が付けば、新たなコンテクストに対応した独創的な戦略を組み立てる余地が生まれます。コンテクストの変化が小さくても、戦略のシフトが小さいとは限らないのは、カタストロフィの原理です。

吉原先生が好んで引用されたホテル百万石は、今となっては古い話になりますが、傑作事例であることに変わりありません。山代温泉郷の一角にあった老舗旅館が、経営者の代替わりに伴って、遠く離れた田んぼの真ん中にホテルを建てると聞いたとき、同業者は皆「バカな」と叫んだそうです。しかし、完成した巨大ホテルに、慰安旅行の団体客を観光バスがピストン輸送してくるさまを見て、皆「なるほど」と頷いたということです。世は、マイクロバスで送迎する時代から、大型観光バスを受け入れる時代へと、静かに変化を遂げていたのです。

この例を見てもわかるように、戦略の真髄は、見えないコンテクストの変化、すなわち「機」を読み取る心眼にあると言ってよいかと思います。もちろん、心眼は人に固有のものであり、そこに戦略の属人性が根ざしているわけです。主観に基づく特殊解、それが本当の戦略です。

†2×2の欺瞞

アップルコンピュータと言えば、Tシャツにジーパン。それがトレードマークです。では、アメリカのビジネス・スクールはと言えば、答えは2×2のマトリックスになるでしょう。目の前に立つ人がMBAかどうかは、目でわかるそうで、目の奥に「田の字」が見えればMBA、そうでなければ普通の人、そんな冗談がまことしやかに囁かれています。

2×2のマトリックスは、よくSWOT分析やポートフォリオ分析の形で登場しますが、ある意味で、これは革命的な思考方法です。これに従えば、まず物事の二面を区別するよう迫られます。さらに、二軸の連関、または相互作用も考慮するよう迫られます。混沌とした現実に直面すると、呆然と立ちすくむ人が出てくるもので、MBAのケース・ディスカッションでもそういう人が続出しますが、二面と二軸を手がかりとすれば、誰でも何かしら気の利いたことを言えるだろうというわけです。

しかし、2×2マトリックスはあまりにも広く普及し過ぎました。これを使えば何とか戦略が形になるという安心感を、特に課長層以下に与え過ぎたのではないでしょうか。ツールはツール、万能ではありません。あくまでも使い手次第ということを忘れると、怪我をするもとになりかねないのです。

たとえばSWOT。これは自社の強み（Strengths）と弱み（Weaknesses）の二面、さらには外部の機会（Opportunities）と脅威（Threats）の二面を見つめ、それらの相互作用を考えるところから戦略を見いだそうとする思考ツールです（図1―3―1）。最近は、これを使う人を日本でも随所で見かけるようになりました。

少し考えればわかるはずですが、これをツールと呼ぶのは名ばかりです。何を自社の強みと見るのか、弱みと見るのか、これは高度な判断の問題です。機会と脅威も同様です。歴史ある山代温泉郷の一角に利権を有することを強みと捉え、さらに大型観光バスの到来を脅威と見たのでは、ホテル百万石は生まれなかったでしょう。

逆にホテル百万石のような構想を実現する人にしてみれば、SWOTのマスをいちいち埋めるのは、まどろっこしくて仕方ないはずです。SWOTが鍵となるアイディアを生み出してくれるなら話は別ですが、SWOTにそんな力はありません。鍵となるアイディアが先にあるからこそ、まともなSWOTが描けるのですが、アイディアが既にあるのなら、SWOTは余計な作業を課すだけの邪魔物になってしまうのです。本当にできる人は、思考に制約を課す枠組みなど必要としないのではないでしょうか。

SWOTは、それに費やす時間の無駄を割り引けば、まだ人畜無害ですが、PPM（製品ポートフォリオ・マトリックス）となると、そうも言っていられません。PPMは、特定の事業や製品の打ち切りを示唆するゆえに、下手に使うと凶器となりかねない危険性を秘めているのです。

図1－3－1　SWOTのマトリックス

		O	T
		機会	脅威
S	自社の強み	S×O	S×T
W	自社の弱み	W×O	W×T

PPMの中身は極めて単純です。市場占有率の高低と、市場成長率の高低に応じて、事業や製品を四つの群に区分けして、キャッシュフローのダイナミックな循環を作り出そうというわけです。その区分けは図1―3―2に示したとおりで、キャッシュ・カウ（カネの成る木）から搾り取ったキャッシュを問題児に投下して、スターに育てよというのが基本です。スターについては、現状を維持しながら市場の成熟化を待つのが定石で、そうすれば、次のキャッ

図１−３−２　PPMのマトリックス

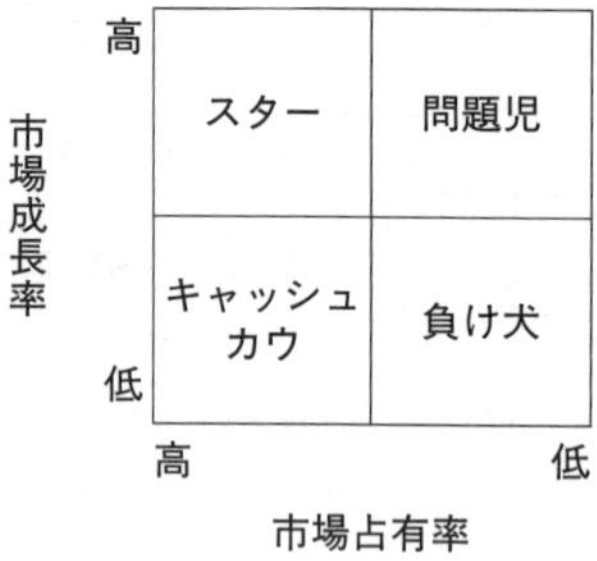

シュ・カウに転化すると期待されます。スターになり損ねた負け犬は、売却なり、清算なり、何らかの手段を通して、キャッシュに替えることを目指します。

この単純明快さが多くの支持を集める理由でもありますが、それ自体は、市場占有率や市場成長率という本来なら〇から一の間を自由に動く変数に、境界値を設ける発想に由来します。境界値を超えれば何でも「高」、境界値を下回れば何でも「低」、こんなアナログ数値をデジタル数値に転換する操作が、わかりやすいツールの背後にあるのです。

言うまでもなく、この境界値をどこに設定するのかが、ＰＰＭの命です。それ次第で、個別の事業や製品は、四つの分類のうち、どれにでもなり得ます。

ところが使い方を見ていると、その危うさに唖然としてしまいます。本来なら、横軸も縦軸も絶対的なものさしとして扱って、個別の事業や製品の位置を決め、そこを中心として、面積が売上規模に比例するよう円を描くわけですが、実際は違います。こうして生まれる大小様々の円が上下左右に偏って分布することのないよう、境界値を後から決める人がほとんど来ているのです。できあがる絵はそれらしく見えますが、そこから導かれる結論に意味はありません。自らの職業人生を賭してでも分析結果を実行に移そうという人が出てこないのは、不幸中の幸いと言うべきでしょう。

ＰＰＭの座標軸は、話を簡単にするために導入された、身代りの指標に過ぎません。本来ならば、横軸が捉えるべきはコスト優位の程度、縦軸が捉えるべきは投資の必要性です。コスト優位があって、再投資の必要がなければ、キャッシュ・カウ。コスト優位があっても、再投資にキャッシュが消えるのはスター。コスト優位がない上に、優位を得るために新規投資が必要なのは問題児。コスト優位がなく、投資をかけてもコスト優位を得る見込みが立たなければ、負け犬。これが本来の分類で、円が偏在することはいくらでもあり得るのです。

ここでも、高度な判断を避けて通るわけにはいきません。コスト優位にせよ、投資の必要性にせよ、相手あっての話です。競合の出方次第では、どうにでも変わります。そこをどう読むかがポイントで、答えは主観とコンテクストに依存せざるを得ないのです。

この高度な判断を自動化して、お絵描き作業に置き換えるのがＰＰＭです。そこで鍵を握るのが、「生産規模がコストをドライブする」、そして「市場成長が投資をドライブする」という二つの経験則になりますが、経験則には必ず例外が立ちはだかります。そこを忘れると、便利なはずのツールは不良品を大量生産する凶器と化すのです。初歩的な注意事項に過ぎませんが、気をつけるに越したことはありません。

†分析か統合か

2×2マトリックスの根底にあるのは、アナリシス（分析）の発想です。このマトリックスが全体を四つに分けるように、アナリシスの発想は大きな事象をまず構成要素に分解します。その上で、一つ一つの要素を別個に吟味しようというわけです。自然現象を理解するのに、物質を分子に分解し、分子を原子に分解し、さらに原子を陽子・中性子・電子に分解し、陽子を各種のクオークに分解しというサイエンスのアプローチは、典型的なアナリシスの頭の使い方と言ってよいでしょう。

アナリシスの発想は、品質問題が起きたときにも登場します。生産現場で、大木の幹や枝の形をしたツリー図を見かけた方も多いのではないでしょうか。あれは現象をヒト要因、設備要因、材料要因に分けて、それぞれを別個に調べようという話です。ヒト要因と一口に言っても、オペレーターの作業ミスに限らず、ハンドリングの誤りや、作業指示の曖昧さなど、様々な可能性が考えられます。そういう可能性を分けて扱い、一つ一つ順に消去しながら真因に迫るのが、アナリシスの王道です。

企業の組織デザインも、基本的にはアナリシスの発想の上に成り立っています。企業の活動を相互補完的な機能に分解するからこそ、マーケティング（商品企画部）、セールス（営業部）、オペレーションズ（生産管理部）、ファイナンス（財務部）、アカウンティング（経理部）、人的資源管理（人事部）といった職能部署が存在し、それぞれに縦の階層が設けられるのです。

ところが、経営戦略は違います。それに対応する部署が、企業の中に見つからないのです。経営企画があるじゃないかと疑問に思われる方もいるでしょうが、実際には予算のとりまとめ業務なり、上長が必要とする資料の作成業務に従事するのが経営企画です。経営戦略に対応する部署にはなっていないのが実情でしょう。

では経営戦略が宙に浮いているのかと言えば、そうではありません。詳しくは第三章で取り上げますが、事業部長から上の経営職を占める人たちが経営戦略を担うのです。部署ではなくて人が担う、それが経営戦略にユニークな特徴と言ってよいと思います。

経営戦略がアナリシスの発想と相容れないのは、その真髄がシンセシス（統合）にあるからです。これは個別の要素を組み合わせ、まとまりのある全体を形作ることを意味します。全体のミッションを機能ごとに分解して分業体制を敷けば、専門化のメリットを活かして「効率」を上げることができます。さらに人の定期異動をこれに組み合わせれば、マンネリによる「効率」の低下も防げるでしょう。しかし、それぞれの部署がバラバラのままでは、「効果」が上がりません。人が替わるたびにチグハグが起こっても、「効果」を損ねます。全体を統合して、こういうチグハグ・バラバラを防ぐことが、経営戦略には求められるのです。

そういう統合は、一人の人間の頭の中でするしかありません。しかも、脳内の横連携がよくとれているという意味で、頭の熟成が進んでいる人を必要とします。手順を踏んで教科書を真面目に勉強すれば、アナリシスの力は確実に上達しますが、シンセシスの場合、コトはもっと複雑で、教科書のない世界で十年単位の鍛錬を重ねないと上達は見込めません。その意味においても、戦略はアートに通じます。サイエンスに比べて劣るどころか、それを凌駕する面白さを秘めていると思いませんか。

第二章

核心

経営戦略を問いなおす。その第二章では、私の考える戦略の核心を取り上げることにします。戦略には多種多様な側面があることは承知していますが、あれも重要、これも重要では、なかなからちが明きません。わかりやすくするために、ここでは三つの要所を前面に出してみました。

第一節は、とりわけ重要な側面、立地を扱います。いわゆるポジショニングの戦略論に端を発する観点ですが、データと比喩を用いながら、できるだけ曖昧さを取り除くような工夫を凝らしてみました。

第二節は、企業や事業をどう構えるかという話です。これは、実例を豊富に織り込みながら、タテとヨコとオクユキの三つの次元で説明します。

第三節は、均整、またはパッケージングの観点を取り上げます。見落としがちな配慮であるだけに、これで怪我をするケースは尽きません。警鐘という意味では、ここをよく嚙みしめてほしいところです。

戦略とは何を意味するのか、百家争鳴のごとく諸説が乱立していますが、結局のところ、「立地」に「構え」を幾重にも重層的に絡め、その上で「均整」をとることと考えれば、わかりやすいでしょう。

1 立地

†運命の分かれ道

一に立地、二に立地、三、四が無くて、五に立地。こんな格言を、小売業ではよく耳にします。商品に自信があっても、店を飾り立てても、従業員をよくしつけても、店に人が来なければ埃が積もるだけ。店を気に入ったと口にする客ですら、ついででもない限り、なかなか店まで足を運んでくれるものではない。だから、他の何はさて置くとしても、まずは人の流れの中に店を出せ。そんな話になるのでしょう。

同じ格言は、そのまま戦略にも当てはまります。「立地」が悪ければ、他の努力がすべて水泡に帰するのは戦略とて同じことなのです。どうせ事業を構えるなら、需要があって、供給が少ない、そういう「立地」を選ぶに限ります。もう気付かれた読者もいらっしゃると思いますが、これぞ、成長戦略のウソを取り上げた節の中で私が「照準」と呼んだものの正体に他なりません。

制約の少ない創業時に「立地」を選ぶのは、容易と言えば言い過ぎになるかもしれませんが、決して難事ではありません。「立地」の良し悪しを見分ける心眼が創業者にありさえすれば、あとは実行だけの問題です。デルやサウスウェスト航空を始めとして、創業者の慧眼で「立地」に成功した企業は、アメリカでは数多く知られています。日本でも、よく考えてみると、成功例は少なくありません。私が調べた電機・精密機器業界では、ヒロセ電機やウシオ電機やキーエンスの他にも、図研や日本デジタル研究所やノーリツ鋼機や堀場製作所やHOYAが間違いなく秀逸な「立地」で高収益をものにした会社だと思います。

既存の大企業となると、話は変わります。もはや「立地」選択の自由はありません。それどころか、既に選んだ「立地」では、供給が次第に増えていき、需要は徐々に減っていく、そんな事態に見舞われているところが多いのではないでしょうか。利益率の長期低落傾向が物語るのは、そういう「立地」の荒廃です。そのさまは、かつて駅前の一等地で繁盛した店が、人が車に乗って郊外に向かう時代に入り、いまや人影まばらなアーケード街にぽつんと取り残されているのと似ています。

全国津々浦々にある駅前商店街では、人の流れをもう一度駅前に取り戻そうと、青年部の人たちが奮闘しています。そして、その姿をメディアが盛んに報道します。しかしながら、少し違うことが現実の中では起きていて、駅前商店街の衰退を逆手にとって大きく利する人たちが出てきているのです。大手流通企業が郊外に建設するショッピング・センターの中に出店したり、自ら田んぼを埋め立てて駐車場付きの大型店を出した人たちが、それにあたります。彼らは駅前では考えられなかった飛躍を遂げており、あらためて物事の二面性を思い知らされます。

企業の命運を分ける戦略は、まさにここにあります。そう、「立地替え」です。荒廃の進んだ旧天地を捨て、新天地に打って出る。これをいかに実現するかという話です。「立地替え」は掛値なしの難業であり、時間もかかります。であるがゆえに、戦略の核心となるのです。

一口に「立地替え」とは言っても、旧天地には莫大な投資がなされているのが普通です。さらに、少なくなったとは言え、まだ得意客もついています。そんな旧天地を捨てるのは忍びないでしょう。また、新天地に関しても、いざそれをどこに求めるかとなると、合意を見るのは大変です。社内には様々な意見があるでしょうし、純粋な意見の相違を超えた利害の対立をはらむことも珍しくありません。こうして大半の経営者は時期尚早と尻込みし、「機」を逃すことになるのです。

†諸行無常の響き

比喩的に「立地」の荒廃という言い方をしましたが、これはまさに戦略の中心テーマです。大企業は、競争に打ち勝ったからこそ大企業として存在するわけで、その「立地」に何らかの優位性があったことは間違いありません。しかし「立地」の優位性には寿命があります。その優位性が大きければ大きいほど、競合企業がにじり寄ってきますし、需要をよく満たせば満たすほど、購買意欲は他の飛び地に向かっていくものです。こうして、どんな「立地」でも、その優位性は遅かれ早かれ消えて無くなります。

皆さんも、どこかで企業の有限寿命説を耳にしたことがあるでしょう。企業が本当に威勢の良い時期は三〇年かそこらで終わりを迎え、あとは生きる屍同然に成り下がる、または経営がおかしくなって倒産してしまう、そんな内容です。これは英語で言うフォークロアに相当します。一人の権威が唱えたというのではなく、多くの人が独立に、何らかの経験を通してそう考えるに至り、それを何気なく口にしたところ、周囲の人々の共感を誘い、まことしやかに語り継がれてきたということです。それだけに、一抹の真理が含まれている可能性は高いのではないでしょうか。

もちろん、企業の有限寿命説を額面どおりに信奉するわけにはいきません。創業以来一世紀以上の歴史を重ねて来たGEの健在ぶりを見れば、その点に議論の余地はないでしょう。しかしそのGEとて、個々の事業は大幅に入れ替えています。ということは、有限寿命を抱えるのは個々の事業であり、事業の新陳代謝さえきちんとすれば、事業のポートフォリオとして成り立つ企業は寿命と無縁でいられるのかもしれません。それでも企業に寿命があるように見えるのは、世の企業の大半が創業の事業と共に心中を遂げるから。そう考えれば、つじつまは合うのです。

寿命を迎えた事業は消えてなくなるわけではありません。たいていの場合は生きながらえるのですが、GDPに占めるウエイトがどんどん下がっていくのです。陶磁器、絹織物、石炭。これらはすべて、日本の花形事業でした。今となってはウソのような話ですが、事業が朽ちていくことを物語る好例と言ってよいでしょう。人間が生きていく上で不可欠な農業ですら、二〇世紀の間にGDP比は十分の一程度に下がってしまいました。

有限寿命説が本当に事業レベルで成立するのかどうかは、ここでの主題ではありません。注目してほしいのは、それがずっと語り継がれてきたという事実です。これは、「立地」の荒廃現象が多くの人々の感知するところとなってきたことを物語っています。それだけ普遍性の高い現象なのでしょう。遅すぎることなく、早すぎることなく、「立地」の荒廃にどう処するのかは、戦略の永遠のテーマと言ってよいかと思います。

†神様だって無理

ここまで抽象的に「立地」と表現してきましたが、それが具体的に何を指し示すのか、そしてどれほど重要な戦略変数であるのか、このあたりでデータを交えて説明を加えておくことにしようと思います。

まず表2―4―1を見てください。これは前の章で紹介した製造業六七二社のデータに基づいて、実質営業利益の業種ごとの分布を示したものです。分析対象とした四〇年を前半と後半に分け、その間の推移がわかるようにしてあります。営業利益は、業界の加重平均値を二〇〇〇年基準の実質額（億円単位）で表し、それを2を基数とする指数階級に割り振りました。業種分類については、日本政策投資銀行の一一五細分類を用いています。

この表には、注目すべき特徴が三つあります。まずは営業利益の安定性。一一五業種のうち、五一業種が対角線に乗っています。すなわち、半数近くの業種で利益の倍増や半減は起こっていないのです。

次に業種間のバラツキ。対角線を見るだけでも、業種ごとに安住の地に明暗があることがわかります。三二億円以上六四億円未満の階級に一九業種とピークが認められますが、その左右には広い裾野が形成されているのです。同じ古参業種でも、繊維は低調、土石は

表 2－4－1　加重平均実質営業利益額による細分類業種の分布

1980−1999		赤字	0億円～	1億円～	2億円～	4億円～	8億円～	16億円～	32億円～	64億円～	128億円～	256億円～	512億円～	合計
	合計	0	0	1	0	4	12	31	32	20	9	5	1	115
	512億円～											2		2
	256億円～										2	1	1	4
	128億円～									6	5	2		13
	64億円～							1	6	10	2			19
	32億円～							6	19	4				29
	16億円～					2	7	14	5					28
	8億円～						2	9	1					12
	4億円～						3	1	1					5
	2億円～					1								1
	1億円～													0
	0億円～													0
	赤字			1		1								2
		1960−1979												

好調。同じ食品分野でも、飼料は低調、酒類は好調。そんな具合になっています。

最後に浮沈。全体の四分の一にあたる二九業種は営業利益の倍増を果たし、さらに三業種に至っては二階級特進、すなわち営業利益を倍の倍にしています。逆に二七業種は営業利益の半減を味わい、さらに三業種に至っては二階級降格となっています。もっとひどく、突然死のように赤字転落した業種も二つあります。

一口で言うと、これが立地の効果です。どこで店を開くのか、すなわち何業を営むのか、それによって命運が大きく決まってしまうのです。現に、業種Aでベスト企業の利益率が、業種Bでワースト企業の利益率に及ばないという組み合わせが、いくつも存在します。しかも、その効果は持続的と来ています。こうなると、もはや企業努力の問題ではありません。立地が悪ければ、たとえ経営の神様でも歯が立たないと知るべきでしょう。

†隣家の青い芝生

立地に良し悪しがあると言えば、良し悪しの見分け方が当然気になるはずです。優れた立地がランダムに分布しているだけならば、この本を読み続けるより、天に祈りを捧げろということになってしまいます。優れた立地の特徴が何なのか、それを押さえないと、戦略にはなりません。

というわけで、六七二社のデータに戻ってみましょう。四〇年間の実質営業利益額を単年度換算した値が大きい順に企業を並べると、面白いことがわかります。一位はトヨタ自動車、二位は新日本製鐵、三位は日立製作所、その後は、東芝、日本鋼管（現ＪＦＥスチール）、松下電器、三菱重工、住友金属、川崎製鉄（現ＪＦＥスチール）、日産自動車、神戸製鋼、三菱電機と続くのです。何のことはありません。自動車、電機、鉄鋼のオンパレードになっているのです。

自動車と電機と言えば、日本の二枚看板で、高い輸出競争力を誇る産業です。鉄鋼は、両者の川上部門にあたります。やはりこういう大きな所に店を出さないと、まとまった利益は望めないという姿になっているのです。しかも、自動車は息の長いビジネスです。創業期から既に一世紀が経過していますが、まだまだ成長を続けています。豊かな土壌と言ってよいでしょう。

次に、六七二社を四〇年間の売上高営業利益率が高い順に並べてみます。上位は医薬品メーカーの目白押し状態ですが、そこに混じって登場する非医薬品メーカーの顔ぶれが意表を突きます。まず第一位はファナック、電子計算機に細分類されていますが、売り物は数値制御装置の会社です。第二位は任天堂、その他製造業に細分類されるゲーム機メーカーです。第三位は御幸毛織、ただ一社だけ織物に細分類される会社です。その後は、ヒロセ電機、アマノ、養命酒製造と続きます。

もう説明の必要はないと思いますが、高い利益率を長期にわたって誇るのは、分類に困るような会社ばかりと来ています。同じ立地を共有する会社が、上場企業の中には見当たらないのです。考えてみれば、これは医薬品も同じことです。医薬品と束ねはするものの、喘息を抑える薬と血圧を抑える薬は競合しようがありません。それぞれがユニークな立地を構成するのです。

こうして分析を進めると、優れた立地の条件が見えてきます。豊かなポテンシャルに恵まれたという意味でビッグであるか、または競合がいないという意味でユニークであるか、どちらかに該当すれば望ましい立地と言えるでしょう。隣の芝生はいつも青く見えると言いますが、枯れ芝の上ではいかなる努力も報われません。まずは青い芝生を目指さないと、飛躍はあり得ないのです。

†されどモーター

今日から電気や！　創業者がそう決意してスタートしたキョウデンという会社が長野県にあります。それと同じノリで、飼料を扱っている会社が明日から自動車！とはなかなかいかないでしょう。明日からビール！なら、同じ大分類の中にとどまりますが、それとて成功の可能性は低いと思います。だとすると、立地替えは所詮夢物語、無い物ねだりに過ぎないのでしょうか。

業種分類は、実は立地のすべてではありません。業種の細分類よりもさらに細かい次元における選択こそ、肝心要と言ってよいでしょう。ポイントは、売り先をどこに設定し、売り物を何とするのか、そこにあるのです。その点を電機・精密機器業界で検証したのが表2―4―2と表2―4―3になります。

図2―4―1で採用した日本政策投資銀行の業種分類によると、電機・精密機器業界には、電力用機器、電気計測器、電子計算機、通信機器、交通信号保安装置、民生用電気機器、電球照明器具、ラジオ・テレビ受信機、音響機器、事務民生用機械、部品、計測器試験機、光学機器、時計・同部品と、一四の細分類が存在します。これは「その他」の付く

分類と、一社しか含まない分類を除外した上での数字ですが、分類の深さがだいたいわかると思います。

表2―4―2は、同じ業界を、主たる売り先別に一一分類したもので、同様に表2―4―3は、主たる売り物別に三〇分類しています。これらは私が『戦略不全の論理』（東洋経済新報社、二〇〇四年）という本で使ったデータで、利益率は一九七〇年以降の三〇年をベースに計算してあります。また、こちらには上場年が一九九〇年代の新興企業も含んでおり、全部で一六三社を対象としています。前章で紹介した六七二社のうち、同じ電機・精密機器業界に所属するのは一二九社です。

表2―4―2　電機・精密機器業界の売り先別利益率

売り先	該当企業数	売上高営業利益率
産業	13	9.73%
半導体	10	9.12%
研究所	3	9.05%
医療	7	8.07%
建設	12	7.74%
オフィス	13	7.28%
内部	38	6.19%
官公	22	5.03%
混合	6	4.33%
量販	20	3.86%
自動車	17	3.83%

さて、結論は一目瞭然でしょう。誰を相手に何を売るか次第で、利益率は大きく変わります。差の大半は、単に見かけだけのものではなく、統計的に有意です。これは、旬の立地と荒廃した立地が、同じ業界内に共存することを示しているものと解釈すればよいでしょう。

ここまで来ると、かけ合わせて三〇〇以上の分類を考慮することになりますから、十分に細かいように見えますが、

表2－4－3　電機・精密機器業界の売り物別利益率

売り物	該当企業数	売上高営業利益率
製造装置	5	12.15%
メディア	2	10.99%
計測器	17	9.82%
医療器具	3	9.49%
コネクター	3	9.44%
モーター	3	9.06%
分配電盤	2	8.86%
電源	4	8.32%
事務機	9	7.89%
IC 配線	3	7.45%
機能部品	7	7.01%
備品	3	6.89%
水晶機器	2	6.28%
制御部品	2	6.15%
通信機	8	6.14%
防災	6	5.77%
照明	5	5.66%
コイル	2	5.32%
PC 周辺	4	5.10%
電力機材	7	4.91%
電話機	4	4.76%
時計	3	4.46%
総合	6	4.33%
蓄電池	4	3.74%
電装品	4	3.56%
機構部品	9	3.51%
電子材料	3	3.20%
重電	5	3.03%
AV 機器	13	2.21%
家電	4	2.06%

それでも重要な区分けを捉えきれていません。たとえば、モーター。原理は同じモーターでも、洗濯機やエアコン等の白物家電用に汎用モーターを売り込むビジネスと、ハードディスクドライブ用にスピンドルモーターを納入するビジネスと、自動車部品メーカーに小型モーターを供給するビジネスでは、利益率が全く違います。これも立地の妙味と捉えてよいでしょう。

†華麗なる大転進

立地の本質は、誰を相手に何を納めるかです。そこには、微妙な違いがいくらでもありますが、それを無視して大雑把に束ねたのが標準的な業種分類になるわけです。そう考えるとわかると思いますが、立地を替えることは、決して不可能への挑戦ではないのです。立地の微妙なシフトが、カタストロフィックな結果の差を生み出すことは、十分にあり得ます。

たとえば、音響機器。一九七〇年前後には、高額なターンテーブル、カセットデッキ、アンプ、スピーカーといった花形商品が、音質を競い合っていました。ところが、音源がデジタル化することにより、もはや音質の差を云々する時代ではなくなってしまったのです。それに伴い、アナログ時代には名門と呼ばれた赤井電機、山水電気、トリオ（現ケンウッド）といったメーカーは、消失するか、その寸前まで追い込まれることになりました。典型的な立地の荒廃です。

ところが、パイオニアだけは別の道を歩みます。同業他社は、アナログ音源の資産を保有するオーディオマニアの方を向いていたのに対して、もともとは教会音楽に原点を持つこの会社は、アナログ技術の蓄積に拘泥することなく、良い音の再生に挑戦したのです。そしてCDからレーザーディスクへといち早く進出し、この分野で重要な知財を押さえることになりました。典型的な立地替えの成功例と言ってよいでしょう。

これは、一橋大学の野中郁次郎先生が好んで語られた事例です。事業活動の範囲、または企業ドメインを機能的に定義しておくと、変化への自律的な対応が容易になるという解釈ですが、それは実務部隊、もしくはミドルを主役に据える視点です。同じ事例でも、私は経営者の判断による立地のシフトと捉えます。そうすれば、パイオニアがその後プラズマディスプレイに手を出し、経営危機に陥った経緯も理解しやすいでしょう。経営者が替わり、立地の再シフトに失敗したのです。

立地替えによって飛躍を遂げた企業は、それぞれの業界で名を馳せています。自動車タイヤ用の合成ゴムから、半導体用のフォトレジストに転進したＪＳＲ。衣服用のレーヨンから、航空機用のカーボンファイバーに転進した東レ、家庭用のクリスタルから、半導体用のマスクブランクスに転進したＨＯＹＡ。個人用の銀塩カメラ機から、オフィス用の複写機・プリンターに転進したキヤノン。それこそ枚挙にいとまがありません。立地の選択と言うと、新興企業の特権のように聞こえますが、既存の大企業にも決して閉ざされた道ではないのです。

2　構え

†ＢとＣの明暗

一に立地、二に立地と言いますが、立地だけで戦略が決まるわけではありません。確かに立地が悪ければ、いかんともしようがないのですが、素晴らしい立地を選んだあとからでも、失敗に終わる道はいくらでも残されているのです。その意味で、立地は高収益の必要条件に過ぎません。十分条件ではないのです。

立地に続いて思慮を要するのが、店の構えです。どれだけ大きな店にするのか、平屋でなく二階建て以上にするのか、倉庫や作業スペースの大きさは、天井高は、商品の搬入経路は、そして出店密度はどうするか、小売業で言うならば、この類の基本設計の話です。

アメリカの家電小売業は一〇年単位の盛衰を繰り返してきた修羅場ですが、そこで盛衰を分けるのは、いつも店の構えです。一昔前の王者だったサーキットシティ（CC）は、天井は低く、壁は黒、通路は非直線的、そして人を圧倒する商品の展示密度。まるでアジアの裏通りを彷彿とさせる店構えで、そこに歩合給で働く店員を配置しました。彼らは商品知識に長け、客との値引き交渉を仕切る権限を持ち、客をワンランク上の商品へ導くプロでした。商談が握手にたどり着くと、客は商品の引き渡しカウンターへ向かい、店員は次の客に狙いを定めます。アナログの全盛期には、この構えが受けました。

ところが、サーキットシティはその後ベストバイ（BB）に追い落とされてしまいます。ベストバイは、一回り大きな店に太い直線通路を配置します。高い天井と相まって開放感溢れる店舗のベースカラーは、明るい黄色です。店員は数が少ないだけでなく、時給で働くため、客に寄り添ってきません。それどころか、いっさいの「売らんかな」行為が店から排除されています。メーカーはカタログを置くことすら許されず、棚には素っぴんの展示商品と、価格および基本性能を表示するベストバイのカードが並ぶだけです。ほとんどの在庫品は棚の下に積まれているので、店員に声をかける必要はありません。客は購入する商品を自分で決めて、カートでレジまで運ぶ。それだけです。

これが構えの競争に他なりません。面白いことに、サーキットシティもベストバイも、立地に差はありません。商品も同じメーカーの製品です。それでも、明暗がきれいに分かれるのです。この場合は、高学歴顧客および女性顧客層の圧倒的な支持を得たベストバイが、ジワジワと優勢に立ちました。ついでながら指摘しておくと、ベストバイは要所にハイテク物流拠点を設けており、そのために品切れが起こりにくくなっています。これも、構えのうちでしょう。

この事例と似たことは、一般に戦略の世界でも成立します。要は、飾り付けくらいなら思い立った時に変えればよいのですが、あとになってからでは簡単に変えられない要素が、実は立地以外にたくさんあるのです。小売業の場合は、店の基本設計がそうでしょう。立地に次ぐ準固定要素、それが構えの本質です。

†H：垂直統合

経営史の巨星、アルフレッド・チャンドラー先生が「組織は戦略に従う」という命題を打ち立てたとき、戦略は三択問題と想定されました。二一世紀初頭のコンテクストを踏まえて言えば、経営資源を既存事業のグローバル展開に振り向けるのか、新規事業の創造による多角化に振り向けるのか、それとも既存事業をベースとした垂直統合に振り向けるのか、そんな選択です。企業が発展を遂げるためには、どれかに手を染めなければならないのですが、どれにも手を付けるのでは戦力の分散を招きます。だから選択になるのです。

垂直統合とは、企業が川上または川下に活動の範囲を拡げ、付加価値を内部に取り込む動きを指しています。例えば自動車の川は、こんな具合に流れます。鉄鉱石、鋼板、ブランキング、プレス、溶接、塗装、艤装、検査、輸送、新車販売、ファイナンス、保険、給油、改造、修理、中古車販売、廃車解体、リサイクル。もちろん、これは本流だけで、塗料や樹脂を始めとして、数多くの支流がこれに合流しています。日本の自動車メーカーはブランキングから検査までを手がけるのが標準型ですが、これをどう設定するのかが、構えの重要な要素になるわけです。

たとえば花王。いまや日本の優良企業と言えば必ず名前の挙がる会社ですが、一九六〇年代にはライオンの後塵を拝していました。それを知る人は少ないでしょう。そんな花王が飛躍を遂げる基盤は、一九七一年に就任した丸田芳郎という社長が築きました。彼は、それまで油脂加工に従事していた花王の構えを、大きく変える決意をしたのです。一方では問屋に依存していた物流と販売を自社の内部に取り込んで、他方では川上の研究部門に力を入れました。その成果が、物流効率と製品開発力の高さで知られる今日の花王と言ってよいでしょう。その過程については、『経営は十年にして成らず』(東洋経済新報社、二〇〇五年）という本の中で、藤原雅俊さんが記してくれています。興味のある方は、ぜひ参考にしてください。

それからキヤノン。こちらは川上志向が徹底している会社です。いまや一眼レフのデジタルカメラが絶好調ですが、その理由は独自の撮像素子（ＣＣＤ）と豊富なＥＦレンズ群の組み合わせにあると言ってよいでしょう。この業界で、撮像素子を内製するのはソニーと松下、共にレンズ資産を持たないビデオカメラのメーカーです。独自のレンズ資産を持つニコン、ミノルタ、オリンパス、ペンタックスは、撮像素子を持っていません。

キヤノンは、早くも一九八七年に、それまでのＦＤレンズ群を捨てて、レンズの電子化を敢行しています。そして、それより前に半導体を内製すると決断し、静止画に適した大判ＣＭＯＳセンサーも自社開発しています。システムとしての完成度の高さ、そしてコスト競争力で、キヤノンの右に出るメーカーは見あたらないのが現状です。そんな「一本あり」の構図が仕込まれたのは、賀来龍三郎という社長の時代でした。彼の偉業については、『経営は十年にして成らず』の中で、日野恵美子さんが詳しく記してくれています。ぜひ参考にしてください。

花王（日用品事業）やキヤノン（カメラ事業）と他社の差は、構えの差です。構えを築くには時間がかかる分、いったんできあがると、向こう何年も解消しない差がつきます。これぞ戦略。そう思いませんか。

なお、ここで挙げたのは、いずれも統合をしたケースです。しかし、統合をするのがいつも正解とは限りません。それは、前章で取り上げたヒロセ電機等を見ればわかるでしょう。彼らは、逆に非統合のファブレス（工場を自前で持たない事業形態）で成功しています。ポイントは、業界の常識を覆すことです。常識より統合の度合いを上げる、または下げることにより、独自の利点が生まれるならば、それを活かす戦略を組み立ててみる。優良企業は、どうもそんなところから生まれています。

†D：シナジー

構えのもう一つの次元は多角化の程度と、その構成です。これも、多角化をした方が有利だとか、同じ多角化でも技術や販路に関連のある方が有利だといった、単純な話にはなりません。そういう主張がまかり通った時期も確かにありましたが、ペンタゴン経営を標榜したカネボウは破綻を来し、関連多角化の雄、日立や東芝も今や苦戦を強いられています。自動車では強いトヨタの住宅事業も、同じ鉄を使うにもかかわらず、業界下位に甘んじています。なかなか一筋縄ではいきません。しかしながら、よく考えると、ここにも成功のパターンらしきものが潜んでいます。

前章の第二節で取り上げたヒロセ電機やウシオ電機やキーエンスは、多角化に手を染めない専業メーカーとして成功しています。ところが、彼らの製品構成を見てみると、その多様性においては決して同業他社に引けをとらない奥行があるとわかります。たとえばキーエンス。すべてが生産工程の自動制御に絡むのですが、その商品レンジは流量センサーからバーコード機器まで、まさに何でもありです。同じくヒロセ電機のコネクター。ここもコネクターなら丸形から角形まで、壮絶な品揃え密度になっています。これという顧客に入り込んだら、顧客の持つ自動制御のニーズ、または電気接続のニーズには何でも応えるという事業展開をしているのです。

同じことは、シーズ追求型の会社でも成り立ちます。フェライト技術のTDKや、セラミック技術の村田製作所。こういう会社を見ると、奥行に恵まれた一つの技術体系をとことん掘り下げることにより、事業が多様な拡がりを見せ、自然に発展していったさまがわかります。

ニーズにせよ、シーズにせよ、これらのケースは、多角化とは少し違います。事業を一体として運営することに意味があるからです。次は、実質的な事業部制で運営される多角化のケースを見てみましょう。

関連多角化で成功している事例の筆頭格は、キヤノンです。ここは右手にカメラ、左手に事務機という長期計画を掲げて以来、複写機やプリンター、そして露光装置をものにしてきましたが、主力事業がすべてイメージのインプットとアウトプットという形でつながっています。販路の異なる事業はそれぞれ別個に運営されていますが、ベースにある研究開発拠点は一つです。

ここで面白いのは、他の光学メーカーとの比較です。露光装置とカメラのニコンにせよ、内視鏡とカメラのオリンパスにせよ、どこも光学技術でつながった事業展開をしているのに、キヤノンのようなダイナミックな発展が見られません。当初は光学から遠く離れて見えた事務機に進出し、ただ一社、電卓を手掛けたことが、キヤノンをユニークな存在にしているのです。この回り道で手に入れた電子技術は、キヤノンに技術の奥行をもたらし、光学メーカーとしての基盤を強くしました。その結晶が、一眼レフデジタルカメラと言ってよいでしょう。ポイントは関連多角化そのものではないのです。

非関連多角化で成功している事例としては、GEを挙げることができます。この会社の内部売上比率は、いまや三%強に過ぎません。日立が二〇%、東芝が一五%前後であることを考えると、圧倒的に低い数字です。しかもジェットエンジンと医療機器と樹脂材料となると、販路も技術も共有できません。何が驚異的な高収益をもたらすのでしょうか。

私の回答は『経営は十年にして成らず』の中で詳しく書きましたが、GEの事業群には目に見えないリンケージがあるのです。いずれも高額で顧客の事業の成否を左右する製品、少数かつ顔の見える競合、多数でも序列の決まったグローバルな顧客を扱う点が、共通項となっています。そういう事業間で経営人材を異動させることで、GEは事業展開の手口に奥行をつくり出し、その共有を図るのです。サービス事業の収益源化やシックスシグマは、その最たる例と言ってよいと思います。

以上、すべての事例に共通して言えるのは、「シナジーの幻想」に騙されては凡庸な結果に終わるということです。技術や販路に類似性があれば進出しやすいのは確かですが、それでは独りよがりになってしまいます。事情は同業他社にとっても同じということを忘れてはいけません。わかりやすいシナジーを追いかけるのは、あまりにも虫がよいのです。難業に挑まないと、非凡な結果は生まれないと心得るべきでしょう。発展する企業は、何らかの形で奥行のある構えを取ることにより、自明ではないシナジーを実現しています。

†W：地域展開

構えと言えば、もう一つの次元があります。事業の地理的な展開、すなわち日本だけで事業を営むのか、海外に出るならどこにどんな形で出ていくのか、そんな選択です。選択の余地などないように見えるかもしれませんが、実は、これが運命の分岐点となっています。たとえば同じＡＶメーカーのソニーと松下でも、松下が長期性資産の八割を日本に持ち、売上の五割を日本であげる会社であるのに対して、ソニーは長期性資産の六割しか日本に置かず、売上の三割しか日本であげない会社になっています。欧米重視のソニー対アジア重視の松下、そんな図式と言ってよいでしょう。

もっと凄い例はホンダです。ここは資産の六割近くが北米に投下されています。そして売上と利益の半分以上を北米が稼ぐのです。日本の会社と言いながら、実質的にはアメリカの会社になりきっています。

ヨコの構えは、企業の性格を根底から左右します。地域間で、競争のあり方が大きく異なるからです。土地に限りのある日本では、一等地を押さえ込んだら勝ちとなるため、小売段階での参入撤退が相対的に少ないのが特徴となっています。そのため、販路を押さえ込んだメーカーの優位はなかなか揺るぎません。そうなると、メーカーとしては販路や顧客の信頼をつなぎ止めて、既得権益を守ることが最優先課題となるわけです。

それに対して、広大な土地に恵まれた北米では、小売段階での参入撤退が絶えません。押さえ込んだら勝ちという一等地など、いくらでもあるからです。そして新規参入組が、日本であろうと韓国であろうと、どこのメーカーでも担ぎます。したがって、メーカーの新規参入も容易です。そうなると、メーカーは競合を意識しながら商品力を磨き、生き残るスペースを確保することに血道をあげることになるわけです。

どの業界でも、一般に先発企業が日本を押さえ、後発企業は北米に活路を求めるケースが目立ちます。そういう中で、日本ではトヨタに負け、北米ではホンダに負け、というような状態に陥ると、企業は窮地に追い込まれてしまいます。逆に、国内の競争をバイパスしていち早く北米に目を向けたホンダは、構えの勝利と言ってよいでしょう。

これまでは日本か北米かという選択が主でしたが、これからは世界の他の地域が大きな市場に育ってくる時代です。それぞれの市場の特性を見極めて、ヨコの構えを構想する好機でしょう。時代は、戦略がますますモノを言う段階に突入したのです。

3 均整

†ビンの首

オペレーションの議論には、必ずボトルネックという概念が登場します。生産工程がA、B、Cと順次つながっているときに、ライン全体の生産能力は、全工程のうち、もっとも生産能力が低い工程で決まってしまうという話です。そんな隘路になっている工程のことを、ボトルネックと称します。シビアなボトルネックがあるときは、他の工程能力をいくら上げても全く意味がありません。投下資本は、すべて遊休能力に化けるだけに終わるのです。そういう無駄な投資は、意外と珍しくありません。

私が工場見学に出かけるときは、もっぱら経済性や競争力という観点から観察眼を凝らしますが、案内してくれる人は、生産技術の粋を集めた最新鋭の自動化設備を見せたがることがよくあります。私としては、優秀な上司が投資案件を決裁していることを祈るばかりですが、分業体制に組み込まれた技術者に任せておくと、工場は技術のオリンピックになってしまうのです。それを許すと、需要に恵まれて動けば凄いという高価な機械設備が、座して利益を食い潰してしまいます。

戦略も、実は似たようなもので、最終的な有効性は、やはりボトルネックで決まります。いくら優れた立地を選んでも、いくら秀でた構えをつくっても、他にシビアなボトルネックが存在すればすべては台無しです。その意味で、戦略の要諦はラインバランス、すなわち均整にあると心得るべきでしょう。

均整と言うと、頭に浮かぶのはトヨタです。トヨタという会社は、これと言う戦略を持つこともなく、ただ愚直に車を造り続けてここまで来たように見えませんか。私自身も、何を隠そう、長い学生時代には、そう感じていました。特に欧米の会社と比べると、情けないと思ったことすらあります。あらためて思い起こしてみると、これが若気の至りというものでしょう。そんな年頃に何かを動かすパワーを握っていたらと想像するとぞっとしますが、さすがに世の中はうまくできています。

トヨタに戦略性がない、またはなかったように見えるのは、均整に優れているからです。目立つということは、どこかにデコボコがあるわけで、それは無駄の裏返しと言ってよいでしょう。トヨタは、会社全体がよくバランスの取れた生産ラインのようなもので、全軍が無駄なく稼働しているのです。石橋を叩いて渡ると聞けば発展性があるようには思えませんが、それはボトルネックの所在を把握している証なのかもしれません。トヨタには、戦略があるのみならず、「戦略もどき」の暴走を防ぐ知恵まで備わっているような気がします。

この点については、いずれ別の場で議論をフルに展開してみたいと考えていますが、ここで伝えたいのは、「目立たないがゆえに優良」という均整に固有の特性です。この特性のために、多くの人が均整の重要性を見落とします。また、優良企業の優良たるゆえんについて、まことしやかな誤解が広まります。その意味で、均整は戦略の上級編と言ってもよいでしょう。

†車の暴走

トヨタとは対照的に、マツダでは「戦略もどき」の暴走が起こりました。一九八九年のことで、トヨタを真似て、国内で販路の五チャネル体制に打って出たのです。従来の車はマツダ店で扱い、高級車を扱うアンフィニ店（元マツダオート店）、ヨーロッパ系のイメージを訴求するユーノス店、小型車中心のオートザム店、フォード車を扱うオートラマ店の四チャネルを新たに加えるという構想でした。マツダ店以外は、マツダのブランドを捨てて、独自のブランドを構築するという点で、トヨタの単なる物真似ではなく、その先を行く野心に満ち溢れたプランです。

この企画が練られたのは、ロータリーエンジンの開発で知られる山本健一社長の時代でした。一九九九年に中國新聞が連載した「マツダの風」によると、彼は当時を回想して次のように述べています。「これを発案した販売担当者の戦略は、相当しゃれていたと思う。セールスマンが靴をすり減らして家庭を回る訪問販売から、お客さんが車を選ぶ店頭販売に移そうという考え方。しかも新しいチャネルでは、新しいブランドによるカーライフを提供していく。それが高級車を売るユーノスだったんです。新しく店を構えるには、土地や資本がいる。そこでＪＲや流通・サービス業にも参加してもらった。中古車販売店を拠点に、地域密着型のオートザムもつくった。マーケティングの革新だったと思います」

この「戦略」は、山本健一社長の後を継いで、一九八七年に通産省から来た古田徳昌社長の下で実行に移されました。円高を背景に国内販売を倍増するという目標が掲げられましたが、そこへ来たのがバブルの崩壊です。山本健一社長の言葉を借りると、「不運だった」ということになります。

一九九一年には、経営危機を救うために住友銀行出身の和田淑弘社長に交代しますが、彼も拡大路線を続けます。しかしながら、一九九三年から営業赤字に転落し、単独再建を断念した住友銀行はフォードの資本参加を要請することになりました。五チャネル構想は、マツダに躍進ではなく、存亡の危機をもたらす結果に終わったのです。

この構想は、もともと立地や構えに手を付けるものでなく、そもそも戦略と呼ぶに値するかどうか疑わしいので、私は「戦略もどき」と呼びますが、それが破綻した最大の原因は均整の欠陥です。販売力を突出させる陰で、開発力がボトルネックになってしまったのだと思います。その結果、全店が同じマツダ車を売るという異様な事態に陥りました。販売の担当者や、エンジンの技術者には、戦略の均整という概念が欠けていたのではないでしょうか。資本の手当までは目を配ったのですが、構想に見合う車輛の開発にどれだけの工数がかかるのかを見落としたとしか考えられません。

山本健一社長の回顧録は、「急速な展開が重荷、裏目になった」と記す一方で、「若い連中が張り切っているのに、やめろとは言えない」とも述べています。そして「結果的にみれば、商品の区別がつきにくく、供給能力の問題も出てきた。ある意味では失敗だった。背伸びし過ぎた。僕自身も反省しなくちゃいけない。責任があります。僕はキャリアが技術開発に偏り過ぎ、販売とか購買など、いろんな経験が足りなかった。経営トップとしては、必ずしも適当ではなかったですね」と結んでいます。この手の話を何度も耳にして、私は『戦略不全の論理』という本を書くに至ったのですが、マツダも例外ではなかったということです。

結果論は結果論、それこそ何でも言えます。渦中で同じことを言えるかどうかで真価が問われますが、それができるようになるためには、まず過去に起きたことを深く理解する必要があると私は考えます。そこで言葉を足しておくと、任期が三年と一カ月では、山本健一社長も手の打ちようがなかったかもしれませんが、マツダには、アメリカのホンダに対抗して、ヨーロッパのマツダという構えを取るチャンスがありました。あのときに海外生産拠点をアメリカではなくヨーロッパに設け、開発目標をヨーロッパ市場に向けていれば、マツダの命運は変わったかもしれません。アメリカとヨーロッパに強固な基盤を持つフォードの陣営に組み込まれては、もはや国内幽閉同然です。機会の逸失による実害は大と言うべきでしょう。

†空飛ぶ愛

サウスウェスト航空という会社がアメリカにあります。一九七一年に創業して以来、目覚ましい発展を遂げ、今日ではもっとも収益力のある航空会社として知られています。その間、航空自由化の波に洗われて、パンナムという名門が姿を消し、格安運賃を武器にして参入した新興エアラインも一通り泡と消え、二〇〇一年九月一一日のテロの後には最大手のユナイテッドすら経営危機に瀕しています。現存する同業他社のほとんどがチャプター・イレブン（アメリカの連邦破産法第一一章）によって生きながらえたという業界で、サウスウェスト航空だけは三〇年以上も上昇気流に乗ったままなのです。その秘密はいったいどこにあるのでしょうか。

サウスウェスト航空でもっとも知られているのは、おそらくユニークな人事施策と、それがもたらす顧客満足度の高さだと思います。その立役者はコリーン・バーレットという人です。彼女は、長らくサウスウェスト航空を率いた共同創業者の一人、ハーブ・ケレハー氏の右腕的存在で、一九八六年に総務の担当副社長に就任し、それが一九九〇年には顧客担当上級副社長という実態を表す名に変わり、ケレハー氏が退任した二〇〇一年以降は社長を務めています。この人が「顧客満足は社員満足から」という発想と実践を確立し、それを社外にも強力に発信してきたのです。

サウスウェスト航空は、尋常ではない手間暇を採用に注ぎます。最初の難関は集団面接ですが、これには顧客も審査員として招待され、オーディションさながらの様相を呈します。これを通過した候補者は、一年間の試用期間に臨むのですが、ここで職場の同僚の観察評価にさらされます。この試練をくぐり抜けて初めて正式採用に至るのですが、実は人事も拒否権を握ります。その判断の基準は、何と心理テストです。採用後のパフォーマンスを追跡調査した結果を人事がデータベースにしていて、それに照らして危ないという候補者を試用段階で振り落とすのです。

こうして正式採用された従業員には、会社が大きな裁量権を与えます。また毎月のようにビデオメッセージやニュースレターを自宅に送り、会社で何が起きているかを綿密に知らせます。そして機会あるごとに盛大なパーティを開いては、模範的な従業員を絶えず褒め称えるのです。従業員の働く意欲がこれ以上は無理という高い水準にあることは、言うまでもありません。そういう従業員が、自らの判断で、会社のお金を有効に使い、会社の目が届かない個々の現場で、顧客に対する小さな心遣いを日々実践するのです。それがサウスウェスト航空の看板になりました。

会社のミッションは「温かい心と、親しみと、一人一人のプライドと、サウスウェスト精神を込めて、最高水準の顧客サービスを実現すること」とされています。経営理念は、何と「愛」という会社です。

†愛の算段

サウスウェスト航空の成功を目の当たりにすると、どうしても「すべては社員満足からだ。そこにとことん投資すれば、あとは自ずとうまくいく！」と叫び出す人が出てきます。しかしながら、そこをいくら突出させても、サウスウェスト航空の成功を再現することはできません。ポイントは、やはり均整にあるのです。

サウスウェスト航空をよく吟味すると、成功の陰に明快な戦略があるとわかります。まずは立地。この会社は、ユナイテッドやデルタと競合しません。彼らの土俵に乗らないからです。大手の航空会社は、長距離のドル箱路線を基軸として、ハブ・アンド・スポークと呼ばれる路線網を敷いています。東部地方都市の客をまず小型機でニューヨークに運び、そこからロサンジェルスに飛ぶ大型機に乗せ、さらに西部の地方都市まで小型機で運ぶという発想です。サウスウェスト航空は、そういう路線を利用する大手企業の出張者や、観光客を相手にしていません。短距離の地方都市間を高頻度で直接結び、以前は飛行機など乗ることのなかった普通の人たちに「日常の足」を提供するビジネスに徹するのです。

また構えにも特徴があります。まず垂直統合を徹底し、普通ならアウトソースするチケット販売のような業務を内部に取り込みます。これは節約という類の発想ではなく、コントロール不能な外部攪乱要因を最小限にとどめるためです。同じ趣旨で、飛行場も独自の地方空港を使います。わかりやすく言えば、羽田は避けて調布という感覚です。機材もボーイング737の一機種に絞り込み、保守管理や教育訓練を内部化しています。

この戦略を成功させる鍵は、バス並の運行頻度と運賃です。そこで登場するのが、機体回転率というキーワードです。飛行機は、空を飛んでいる時間しか、顧客サービスに貢献しませんし、稼ぎもしません。したがって、機体が地上で過ごす時間を最小限にすることが、オペレーション上の最優先課題となるのです。

これは、マニュアルやシステムでは達成不可能な課題です。いつ、どこで、どんな攪乱要因が障害として持ち上がるのか、可能性は無限にあり、事前には全く予想がつかないからです。障害が発生したら、それぞれの現場で即座に対処するしかありません。そこで登場するのが、自分の判断で動ける、意欲高き従業員というわけです。ここに問題があると、戦略は絵に描いた餅に終わります。しかし、そこに投資する価値が値千金になるのは、サウスウェスト航空の戦略が従業員の働きにボトルネックを寄せるからです。この点を見逃すと、非ボトルネック工程への無駄な投資が起こりかねません。

こういう全体像、すなわちパッケージングを見ないことには、戦略は空回りしてしまいます。そこが難しいところでしょう。しかもコンテクストへの依存性が強いため、時空を超えて成功の方程式を移植しようとしても、なかなかうまくいくものではありません。サウスウェスト航空の戦略にしても、アメリカ固有の条件が前提となっています。そういうローカルなコンテクストの下で、立地と構えと均整をいかに揃えるか。わかりやすく言えば、それが戦略の要諦です。

第三章

所在

戦略は、「立地」と「構え」と「均整」に凝結します。これは前章で説明した内容ですが、凝結する前の戦略、または現在進行形の戦略は、どこに存在するのでしょうか。これも誤解の多いトピックだけに、一章を充てて考察しておこうと思います。

第一節は、経営者に向けたメッセージです。日本企業は全員経営を美徳としますが、それと、戦略を実行部隊に委ねるのでは話が違います。押しつけられてやる仕事ではなく、自らやるべき仕事を自分で決めろというあたりまでは良いのですが、戦略まで決めろとなると行き過ぎです。経営者がそこを勘違いすると、企業戦略の不全症に陥ります。

第二節は、事業戦略の不全症に光を当てます。日本企業は、本社経営陣とミドルに挟まれた事業部長の職に矛盾が集中するようにできています。人間の心理が絡む厄介な問題ですが、ここで責任の分散を防がないと、不全からの脱却は難しいでしょう。

第三節は、戦略の時々刻々性に光を当て、受動的な戦略観を示します。戦略と言うと、とかく能動的に捉える人が多いのですが、戦略は次々と飛び込んでくる情報への処し方で決まります。言葉になるものではありませんし、つくるものでもありません。戦略は、頂に座する人に宿るのです。

1　戦略は部課長が考えろ?

†会社人間大国論

海外での生活が長く続くと、いろいろなことに遭遇します。たとえば、日本から観光にやってきた親子連れ。子供が指を指して叫びます。「ママッ、見て〜。アメリカにもマクドナルドがあるよぉ!」

しばしあっけにとられましたが、後になって考えてみると、これは笑い話で済まされないことに気付きます。大人だって、知らないがゆえに、日本発でないものを日本発と信じ込んでいる可能性を、真っ向から否定できないのではないでしょうか。

そんな可能性を踏まえた上で言うと、日本を日本たらしめる特徴は何なのでしょうか。私の答えは、会社人間に行き着きます。世界広しと言えど、個人と会社の相互依存が日本ほど進んでいる国は他に見当たらないのです。自腹で酒を飲んでも会社の話をする、休日まで会社の上司同僚とゴルフに興じる、日本ではあたりまえの光景ですが、外から見れば異様な姿に映ります。モーレツ社員というだけなら他の国にもいるのですが、自社株を大量保有するわけでもなく、社長の座を狙うわけでもない一般社員がかくも大挙して、四六時中会社漬けの生活を送るなど、他の国では聞いたことがありません。

聞いたことがないというのは、聞く努力を払っていないからとは違います。ＩＭＰＭという国際教育プログラムがあって、その中で、会社と社員の関係が国によってどう変わるのかを観察する絶好の機会に恵まれた上での言及です。アメリカのモトローラ、カナダのアルキャン、イギリスのゼネカ、フランスの電力・ガス公社、ドイツのルフトハンザ航空、スイスの国際赤十字本部、インドのソフトウェアハウス、韓国のＬＧ、日本の松下電器と富士通あたりを母体として、各社から四人前後の社員が集まる教室を五年にわたって切り盛りしましたが、全般に所属企業とは独立に自己の存在を確立する受講者が多い中で、日本企業の社員だけは明らかに様子が違いました。歴代で約三〇人に及ぶ日本人受講者のうち例外が一人だけいましたが、日本は会社あっての個人、そんな印象を受講者一同が抱いたのです。

†終身雇用結果論

こういう話をすると、すぐに出てくるのが終身雇用の議論です。日本企業は、終身の雇用を保障するからこそ、社員は自分の身を会社に捧げ、会社は高い成果を上げることができるというわけですが、本当にそうなのでしょうか。

役所を見てください。雇用が保障されるとなると、人は目の色を変えて働く理由を失います。なかには昇進や昇給を目指して頑張る人も出てくるでしょうが、それも望みがあるうちだけです。遅かれ早かれ、ラクして時をやり過ごすのが賢明と多くの人が悟るでしょう。だからこそ万国共通で「お役所仕事」と揶揄されるのです。

日本の大企業の中には、お役所仕事とは無縁の世界が広がっています。夜遅くまで残業し、休日出勤までする人たちが、真摯に知恵を絞っています。資本主義を糾弾した全共闘世代も、個人主義を標榜した新人類世代も、蓋を開けてみれば何のことはありません。みんな立派な会社人間になっているのです。

そんな会社人間の製造装置はどこにあるのでしょうか。私の見る限り、答は仕事の出し方の中にあります。押しつけられた仕事にのめり込む人はいませんが、自分で発案する仕事はやみつきになるのです。自分の頭で判断して「やらねば」と思った仕事を、自分の創意工夫で組み立てて、やった仕事の結果が目に見える。そうなれば、仕事はもはや麻薬と同じです。面白くて面白くて、やめられるものではありません。こうして仕事中毒に罹患すると、会社人間が誕生します。ただし、人が身を捧げる対象はあくまでも仕事です。会社人間と言っても、別に会社の言いなりというわけではありません。

日本企業は、戦後の復興期に、極度の人材不足に見舞われました。生産現場から管理職まで、とにかく人が足りなかったのです。そのために人を大事にせざるを得ず、現場社員にも人事考課や定期昇給を導入し、あたかもホワイトカラーと同じようなキャリア・パスを用意するに至りました。これが、法政大学名誉教授の小池和男先生が指摘する「ブルーカラーのホワイトカラー化」です。

ちなみに移民が流入するアメリカでは、現場作業者は何年働いても固定された時給を受け取るだけで、まるで刑期に服すとでもいうように、勤続年数を積み重ねた末に先任権を手に入れると、職域内の楽な仕事に移っていきます。これが文字どおりのブルーカラーです。

日本企業は、ブルーカラーだけでなく、ホワイトカラーの扱いも変えました。学卒採用全員を定期異動の対象とすることで、全員が自らのキャリア・パスを考えるように仕向けたのです。アメリカなら、ファスト・トラック（特進コース）に乗る経営者候補生と同じ扱いと言ってよいでしょう。まさに全員がエリート、最後の最後まで社長になる可能性を否定されないのです。アメリカのエリート層が好んで着るシャツに掛けて言うならば、「ホワイトカラーのピンカラー化」といったところでしょうか。ブルーカラーのみならず、ホワイトカラーも一クラス上の扱いを受ける国。それが日本なのです。

解雇を言い渡されて会社を去っていくホワイトカラーは、どこの国でも少数にとどまります。会社を辞める人間の大半は、やりたい仕事ができないがゆえに自ら去っていくのです。アメリカを始めとする多くの国で労働市場が高い流動性を保つのは、会社が仕事をトップダウンで規定するからでしょう。会社の都合でやらされる仕事に従事するのでは、長く続くはずはありません。精神的な苦痛に見合う金銭報酬を出さないと、そもそも誰も来ない。これが、職務第一主義の限界です。

この事情は、日本とて変わりません。やりたい仕事を求めて転職する人は、いくらでもいます。給料が安いと文句を垂れながらも会社人間になり、定年まで同じ会社にとどまる人がいるとすれば、打ち込める仕事があるからに他なりません。あくまでも人材第一主義という会社の成り立ちが先にあって、その結果として「終身勤務」が実現するに過ぎないのです。因果を逆に捉えて「終身雇用」などと言い出すと、話がおかしくなってしまいます。

ここで述べたことは、あくまでも大局論です。やらされ仕事が回ってきて、今は腐っているという人の顔もたくさん思い浮かびますが、良いときと悪いときをならして見たらどうなのか。それが、ここでの視点です。アメリカにも社員が目の色を変えて仕事をする会社はありますが、大勢としてはどうなのか。やはり、それがここでの視点です。例外の存在を承知の上で言えば、個々の社員が主体的に仕事と向き合うことを許すのが日本であり、全員経営を美徳とする点で右に出る国は無いと言ってよいかと思います。

†応援団長擁護論

かぼちゃと一口に言いますが、アメリカと日本では別物と考えた方がよいでしょう。彼の地のかぼちゃ（パンプキン）は、重さ一〇〇キロにも達する化け物です。姿形も食べ方も、全くと言ってよいほど違います。それと同じように、経営者と一口に言っても、産地抜きでは意味を成しません。

アメリカで経営者と言えば、まずはギラギラした人が出てきます。野心的で腕力に富み、よく喋る。そんな人が、グイグイと会社を引っ張っていくのです。アメリカンフットボールで言えば、まさにクォーターバックのイメージです。

日本で経営者と言うと、まずフィールドには出てきません。むしろフィールドで試合に臨むプレーヤーたちをラインサイドで応援するという姿勢を貫きます。主役はあくまでも仕事をする社員たちというわけです。コーチの役割ですら上司たる管理職に一任して、自分は応援団長に徹します。グイグイと会社を引っ張っていくというよりは、社員の背中を押すイメージでしょうか。ギラギラしたオーナー社長もいることは確かですが、大企業のサラリーマン社長となると、思慮深いという印象が強く残ります。

考えてみると、これは不思議なことではありません。日本の経営者の大半は、仕事と主体的に向き合って三〇年余を過ごしてきた人たちなのです。質の高い仕事がどのようにして生まれるのかを熟知しています。

上が仕事をすると、短期的には結果が良くなるかもしれません。いくら社員が良かれと思って企画をしても、経験を積んだ人間の目から見れば、必ずアラは見つかるものです。そういうアラを事前に直してしまえば、結果は目に見えて良くなるでしょう。

しかし、長期の結果は悲惨なことになりかねません。良かれと思って出した企画なのに、上から正面否定されるという傷を負った社員は、二度と自分の頭を使わなくなってしまうおそれがあるのです。自分が良いと思うかどうかと無関係に、鶴の一声で物事が決まる場に遭遇すれば、最初から鶴の意向を確かめに行くのが合理的な適応行動になってしまいます。ところが、みんなが鶴の顔色を窺うようになると、上の人間の目が届く範囲でしか会社は仕事ができなくなってしまいます。その限界を超えて何かをしようとすれば、結果はガタガタ。これでは「損して得を取る」の正反対です。

だから指示待ち人間はダメだと諭す経営者や部課長をよく見かけますが、皮肉の極みだと思いませんか。指示待ち人間は、会社にやってくるのではありません。経営陣や上司が指示待ち人間を大量生産するのです。

出来の良い経営者は、このあたりの機微をしっかり心得ています。であるがゆえに、トップダウンを極端に嫌います。アメリカの経営者と比べると、応援団長に徹する経営者は確かに見劣りするかもしれませんが、彼らの低姿勢こそ会社人間大国を支えていることを忘れてはまずいでしょう。一人の経営者が張り切るより、全員が仕事をする。良くも悪くも、それが日本です。

アメリカでは、二〇世紀の前半からずっと分権化、または権限委譲の重要性が叫ばれてきました。会社が大きくなると、本社からすべてをコントロールするのでは無理が生じるからです。しかし、アメリカではいまだ集権化を脱しきれない会社が大半と言ってよいでしょう。これも皮肉な話ですが、アメリカの理想を先に実現したのは、応援団長に徹する日本の経営者なのです。この点は、しっかり心に留めておく必要があると思います。

†戦略不全亡国論

会社人間が、長期にわたって責任から逃げることなく仕事をする。その結果、開発スピードや製造品質は世界一級で、日本製品は世界各地の市場で引っ張りだこ。それなのに、会社は儲からない。利益率の絶対水準が低いのみならず、長期低落の傾向に歯止めがかからない。どうしてなのか。考え始めると、それこそ夜も眠れません。

熾烈な競争が製品の進化をもたらす一方で、企業利益を吹き飛ばす。これはよく言われることで、繊機業界などを見ていると、なるほどと思います。世界の供給を日本勢が一手に引き受けるにもかかわらず、日本企業どうしが骨肉相食む。そんな業界は他にも枚挙にいとまがありません。しかし、これは日本に特有の現象ではないのです。マイクロ・プロセッサーにおけるインテル対AMDの激戦や、液晶におけるサムスン対LGの激闘を見ればわかるように、他の国もさして事情は変わらないと言ってよいでしょう。

問題は、内にあります。そう、経営者です。会社人間大国を支える日本の経営者を随分と持ち上げてきましたが、いよいよ落とす段に入らなければなりません。

自動車は、エンジンとハンドルで前に進みます。会社を車にたとえるなら、社員は推進力を担うエンジンでしょう。操舵を司るハンドルは、経営者です。アメリカと言うと五〇〇cc以上のエンジンを搭載したマッスルカーを思い出しますが、アメリカの企業は、鋭敏なハンドリングで知られるBMWに軽自動車のエンジンを積んだようなことになっています。逆に日本の企業は、レースカー並のエンジンを誇るBMWから、ハンドルを取り去ったようなことになっているのです。

社員の自発性を最大限に引き出すという点で、日本の経営者は確かに巧みです。しかしトップダウンを回避するあまり、戦略まで部課長に委ねると公言する人が続出します。これでは、ハンドルのない車と同じです。さすがに公言はしなくても、下から出てくる事業計画案や中期計画案をまずは見てという態度をとらない経営者は、それこそ皆無に近いと思いますが、それとてハンドルの役割を担っているとは言い難いでしょう。

部課長に頭を使わせるのは良いのですが、会社や事業の「立地」、「構え」、「均整」となると、彼らの手に負えるものではありません。分業体制の中に組み込まれている以上、その分業体制の成り立ちそのものに手を付けるわけにはいかないのです。その点は、大学の教官が他の講座の運営に口を挟まないのと同じでしょう。目に見えない相互不可侵条約を遵守しないと、ありとあらゆる問題が噴出しかねないのです。

しかも、手を付ける付けない以前の問題があります。山の中腹で森の中を必死に登っている人間に、山脈の全貌など見えないのです。見えないのに、「立地」、「構え」、「均整」を考えろと言っても、土台無理な相談です。山の頂から全貌を見渡せるのは、実務を持たない経営者に限られます。その経営者が、山の中腹で四苦八苦している部課長に向かって「お〜い、頼むぞぉ」では、いくら何でも話にならないでしょう。分業体制は知識の偏在を伴います。それを直視しないと何も始まりません。

かくして日本企業は、迷走を続けます。それどころか、明日のない絶望の淵に向かってまっしぐらという会社も出てきます。いくら良いものを安く速く作っても、「立地」や「構え」や「均整」に問題があれば、利益にはつながりません。豊作貧乏に打ちのめされる農民の悲哀を、社員が味わうだけでしょう。そろそろ戦略不全状態に終止符を打たないと、国がもたないと思います。

戦略とトップダウンは別物です。社員の自発性を尊重することと、戦略を機能させることの間に、論理的な矛盾はありません。経営者の思い描いた姿形になりつつも、社員は自分たちでそれをやったと信じている。これぞ良い会社の究極のイメージでしょう。もちろん、トップダウンを放棄して戦略を実現するとなると、相当の熟練が経営者には求められます。権限を使ってはいけないし、功を焦ってもいけません。「立地」や「構え」や「均整」を整えにいけば、それまでやってきた仕事を否定される社員も不可避的に出てきます。それにも対処が必要です。

指示や号令を下すのではなく、じわじわと外堀から埋めにかかるような発想は、人間がおよそ為し得る高等技の中でも、最高位の難易度を誇るものです。それができる経営者を出せるかどうかこそ、会社と社会の命運を左右する。そんな時代を我々は生きているのではないだろうかと、私は考えています。

2　我が社には戦略がない?

†サラリーマンの反抗期

　経営の教育に携わっていると、サラリーマンの一生を横断的に眺める機会に恵まれます。大学ではゼミ生が人生の一大事という面持ちで就職活動をしているかと思えば、彼らを採用する側に回っている人たちがＭＢＡの教室に参集します。さらに、そう言えば自分も会社を回ったなぁという程度の記憶しか残っていない部長層や役員層の人たちが、学外の勉強会にやってきます。こうして異なる年代の人たちを見ていると、人間の成長がいくつになっても続くさまに驚かされる一方で、成長には段階があることに気付きます。

　私が迎え入れるゼミ生は二〇歳前後。この時期の人間は無限の可能性を秘める一方で、世の中に存在する業種、職種、会社の間の違いをほとんど理解していません。働く経験を積んでいないのであたりまえのことですが、経験知はゼロの状態です。

　そんな学生が、内定、入社、配属という一連の儀式を経て、やっと学生気分が抜ける頃になると、仕事を覚えるのに必死という状態に突入します。営業なら自分の担当顧客、開発なら自分が担当する製品の構成要素、生産技術なら自分が担当する工程について、学生としては教わらなかった専門知識を身につけないと、仕事にならないのです。さらには、保険なら保険、化学なら化学、電機なら電機という具合に、自分が身を置く業界に固有の常識を覚えないと、先輩たちの会話にもついていけません。かくして、上司に不足を指摘されながら日々勉強という数年間を誰もが送ります。これが日本企業における二〇代の後半です。

三〇代に入ると、仕事を一通り切り盛りできる力が付いてきます。無限の可能性を放棄する代償として、自分が選んだ領域では最低限の経験知を積み上げて、やっと本当のスタートラインにつくというところでしょうか。ここで仕事のオーナーシップを与えられると、日々の仕事は俄然やりがいを帯びてくるため、みんな走り出すわけです。狭いながらも自分の責任領域を持ち、それに関しては自分が第一人者という自負も芽生えてきます。会社業務の前線を担って、稼いでいるという実感も湧いてきます。

ここまで来ると、人は上司に不足を指摘されるより、会社の不足を指摘する側に回ります。自分が任された責任を遂行する上で、こうすれば結果がさらによくなるという道筋が見通せるようになってくるからです。ただし、自分の判断で不足を埋める力はまだ付いていません。したがって「どうして会社は××しないんですか」という形の疑問を口にするのが精一杯です。

実は、これが反抗期の始まりです。人間の子供は三歳で反抗期を迎えると言いますが、サラリーマンには三〇代でこれが来ます。会社のために良かれと思って進言したのに、聞き入れてもらえない。そんなことが重なると、自分の仕事は会社にとって大事じゃないのかという疑問が芽生えてくるわけです。そこで顔を上げてみると、会社の全体像がよく見えません。先行きに漠然とした不安や限界を感じ始めると思わず口をついて出るのが、「ウチの会社には戦略がない……」です。

†どうなる対どうしたい

戦略がない。何とも気になる響きです。前線兵士に本部の戦略など見えるはずがないと一笑に付してもよいのですが、いやしくも社員の言葉です。社内の人間から見て戦略がないとは、一体どういうことなのでしょうか。

話を具体化するために、現代の優良企業、キヤノンを俎上に載せてみましょう。この会社のホームページに、「経営革新二〇〇五年」という文書が開示されていたので、それを吟味してみることにします。日本語では経営革新と謳っていますが、英語では「二〇〇五年の戦略」とされている内容です。

全体としては原稿用紙三枚に収まるほどの文書で、中には五つの柱が記述されています。「技術と事業を選択・集中するフェーズから健全なる拡大を図るフェーズへシフトする」、「試作レス・調達革新・製造装置の内製化を基軸として開発・製造・生産が三位一体となったものづくりに挑戦する」、「ディスプレイを中心とした新事業の創出ができるよう研究開発力を強化する」、「経済のグローバル化とITの進歩に対応すべく進めてきた世界販売体制の改革を完成させる」、「グループの行動指針たる三自の精神を全社員に埋め込んでガバナンスとコンプライアンスを強化する」、要約するとこんなストーリーです。

さすが優等生のキヤノン。そう思われるかもしれませんが、私の知る限り、どこの会社にもこの手の文書は存在します。中期計画なり、アナリスト向けのプレゼンテーション資料なり、探せば出てくるはずです。それなのに、どうして「戦略がない……」になるのでしょうか。

答は立場間ギャップにあります。経営者が考える戦略は、会社をどうしたいです。ところが「戦略がない……」とつぶやく社員が探し求めるのは、自分が担当する事業をどうしたいのかという会社側の意思表示です。表面上の差は小さいように見えますが、ここには超えがたいギャップが横たわっています。

キヤノンの例に戻ると、有価証券報告書の「事業の内容」欄には、主要なものだけでも三一の事業がリストアップされています。そういう既存の個別事業の立場から見ると、「二〇〇五年の戦略」からは何の示唆も得られません。ハンディターミナルの事業をどうしたいのか、わからないとしか言いようがないでしょう。マイクロモーターの事業もしかり、眼科機器の事業もしかり、双眼鏡の事業もしかりです。主力の複写機やカメラの事業をとっても、事情はさして変わりません。

これを経営者の立場から眺めると、個々の事業には、それにずっと携わってきた専属オーナーがいるじゃないかという話になるでしょう。したがって、会社全体をどうしたいというビジョンは持っても、個々の事業に口を挟むのでは筋違いと映ります。となれば、「どうしたい」よりも「どうなる」です。個別事業に口を出そうにも、事業が三一もあれば、面倒を見きれるものではありません。伸びてくる事業があれば、それを全社の戦略に組み込むことを考えよう。ただ、それだけでしょう。

社員は「どうしたい」と問う一方で、社長は「どうなる」を見極めるべく静観する。面白い構図ですが、これが「戦略がない……」の一断面と言ってよいでしょう。

†戦略不全の吹きだまり

こうしてみると、問題の焦点は事業経営責任者にあることが明白です。個々の事業を任された事業部長が、自分の担当する事業を「どうしたい」とビジョンを描き、それを実現するための方策を考え抜かないと、社員と社長の間に横たわる溝は埋まりません。

ところが、事業部長の立場から見ると、コトはそれほど単純ではないのです。一方で事業の将来に対する責任が自分にあることは重々承知しているのですが、現実問題として、会社の今期の業績を支える責任が重くのしかかってきます。忘れようにも、月末になると本社の厳しいチェックがやって来るため、忘れるわけにもいきません。月次の事業計画が達成できていないとなると、それこそ人間を全面否定されます。

それが見えているから、朝は前日の営業日報や生産実績を確認するところからスタートして、日々戦いです。計画からの乖離を発見したら、すぐに原因を究明して、対策を打たなければなりません。そして日中は、部課長との意思統一を図るため、会議、会議の連続です。事業の将来像を考える余裕など、どこにあるというのでしょうか。

しかも、事業部長の任期は長くても三年程度と相場が決まっています。事業計画の未達が続くと一年や二年で首が飛ぶことも珍しくありませんが、首が飛ぶ事態をうまく回避すれば、それはそれで役員への昇格人事が待ち受けています。年齢も年齢だけに、可能性のある人は傷が付く前に早く昇格させないと、社長の後継候補が六〇代ばかりという事態になりかねないというわけです。

さらに悪いことに、責任の所在も曖昧です。事業の数が三一にもなれば、社長が事業部長と直接のコミュニケーションを持つことは不可能、よって事業部長と社長の間に「中間管理職」が置かれます。類似性のある事業を束ねる事業本部や事業統括本部がそれにあたりますが、事業経営に携わらない中二階の本部長に戦略を考えろというのです。自分の出身母体事業ならいざ知らず、自ら経験していない事業が配下に入っても、そう簡単に自信を持ってモノが言えるわけはありません。どうしても、お任せモードと口出しモードの間で中途半端になりがちです。

こう書き連ねるとわかると思いますが、日本の企業においては、事業部長職が事業部制に潜む矛盾の吹きだまりのようになっています。うまくいってもいかなくても腰掛けのポジションで、求められるのは事業計画の達成だけ。そうなれば、事業の将来像を語る人間はバカという話になってしまいます。遠い未来のための戦略よりも、今日の飯の種。そんな風潮が生まれるのは、火を見るより明らかでしょう。

これが戦略不全の深淵です。火のないところに煙は立たないと言いますが、「ウチの会社には戦略がない……」という決まり文句にも、それなりの根拠があるのです。

ただし、「戦略がない」という表現は正確ではありません。会社や事業が存在する以上、そこには必ず「立地」や「構え」、そして「均整」があります。その意味で、「戦略がない」ということはあり得ません。よく考え抜かれた戦略か否かは、もちろん問うに値しますが、考え抜くというプロセス自体は見えませんし、確かめることも不可能です。だから問うべきは、戦略が機能しているか否かだと私は考えます。「戦略不在」ではなく「戦略不全」と言うのは、そのためです。不全という表現は、生命維持に肝心、または肝腎な臓器が機能を失うことを肝不全、心不全、腎不全と呼ぶところから流用しています。

日本企業の多くが戦略不全に陥っていることは、否定のしようがありません。それは、データが示しています。そういう会社には、往々にして東大卒の社長がいて、思慮深く練り上げられた「我が社の戦略」が存在します。頭の良い人が、明白な不備を見逃すことなど、やはりあり得ないのです。

それでも戦略不全が起こるのは、どうしてなのでしょうか。それは、トップ人事という極めてデリケートなエリアに問題が起因するからです。事業部長から上のクラスとなると、それこそ優秀な人ばかりで、その中から一人を選ぶとなると、選ばれなかった人の処遇が問題になるのです。選ばれなかったといっても、差は僅か。処遇に大きく差を付けるのは、誰しも忍びないと思うでしょうし、働いてもらわないともったいないとも思うでしょう。しかし、その心情を跳ね返さないと、狭い場所にたくさんポストができて、誰も「立地」や「構え」や「均整」という大きな課題に、長期の視点から取り組むことができなくなってしまうのです。

これが戦略不全の真因と言ってよいでしょう。日本企業は、ここ数年、「事業の選択と集中」を精力的に進めてきましたが、本当に必要なのは経営層における「人材の選択と集中」なのだと思います。

†戦略を殺す心理の葛藤

日本の経営者が、すべて戦略不全の状態を放置しているというわけではありません。なかには、問題を正視して、基幹事業の後継者に四〇代前半の事業部長を据える会社も出てきています。

そういう四〇代前半の事業部長を近くで見ていると、やはり最低でも一〇年先を見越した事業経営に挑みます。刈り取りモードに入ったのでは先が持たないとわかっているので、将来像を描きながら、着実に布石を打っていくのです。そんな姿を見ていると、事業部長職をローテーション人事の対象として、管理職化してしまう罪がいかに重いのかを再認識させられます。事業部長は事業の経営者という認識を明確に持たないことには、戦略不全からの脱却など叶う訳もないのです。

しかしながら、四〇代前半で事業部長に抜擢される人は、本当に大変です。事業の主という意識を抱き始めると、まずは社長を始めとする上層部との確執が問題になります。上は、大切な事業を一時的に預かるだけという管理職的な事業部長しか知らないところに来て、事業に対してオーナー意識を持つ事業部長が、実績の後ろ盾を持って登場すると、御しにくいことこの上ないのです。ソニーの前CEO、出井伸之氏と、同社のゲーム機事業を率いてきた久夛良木《くたらぎ》健氏の微妙な関係を思い起こせば、このあたりのイメージが湧くと思います。

これは、必ずしも保身という小さな話ではありません。あくまでも、コントロールの問題だと私は捉えています。社長の権限で全社を束ねられなくなると、会社は空中分解しかねないのです。だから、人事権を握る社長が、社長権限の形骸化をおそれるあまり、事業部長職を管理職化したくなる気持ちはわかります。強い事業部長が欲しい反面、暴走のリスクが怖いのです。

そうなると、事業部長職に就く人は、事業の経営にあたるのみならず、上層部との関係を損なわないように気配りしないと、職は務まりません。気持ちの上では胸を張りつつも、腰は低くといったところでしょうか。本当に力のある人は、そういう「抑制」を身につけているものですが、本物はどこに行っても供給不足と来ています。そんな力を持った人は、私もまだ数えるほどしか知りません。

事業部長の苦労は、上層部との関係だけにとどまりません。もっとやっかいなのが、外野です。事業部長が三年程度の任期で交替し続けた会社には、事業部長のOBが掃いて捨てるほどいるのです。現役の事業部長が、そういう「功労者」の偉業を否定する動きを取ろうものなら、ありがたい「ご忠言」の嵐に包まれます。かくして身動きが取れない事業部長は、自分の本心を家に置いて会社に来るようになるのです。戦略がないのとは違います。戦略が、社内で妥協という名の侵食作用を受けて、カドが取れてしまうのです。

戦略不全を引き起こす力学は、さして複雑ではありません。問題は、それを小さな問題として放置するのか、それとも本質的な問題と受けとめた上で、意を決して手を付けるのか、それだけです。まずい力学を放置しておくという間接的な失策こそが、日本の企業を低収益に追いやっている。私は、そう思います。

打開策は、くどいようですが「経営人材の選択と集中」に限ります。優秀な人がAさんとBさんと二人いる時に、責務を二つに分けて、こちらはAさん、あちらはBさんとするのでは戦略不全は避けられません。二人のうちどちらかを決めて、AさんならAさんに全部を任せ、Bさんには退場してもらう。これができるかどうかです。誰を選ぶかも重要ですが、それ以上に、選ぶこと自体がはるかに重要と知るべきでしょう。

3　戦略は観と経験と度胸！

†優良企業のウソ

今からもう二〇年以上も前のことです。『エクセレント・カンパニー』（講談社、一九八三年）というビジネス書が世界のベストセラーになりました。累計で六〇〇万部売れたと言いますから、凄まじいとしか言いようがありません。

原題を直訳すると『エクセレンスを探し求めて』という本ですが、中身はまさにその通りになっています。まず、いくつかの選定基準を立てて、それによって優良と言える企業を選び出す。次に、選ばれた優良企業に共通する特徴を洗い出して、最後に、他の企業にも適用可能な教訓にまとめあげる。愚直にエクセレンスのエッセンスを抽出するというアプローチで、帰納主義の一つの典型と言ってよいでしょう。

この本で本当に面白いのは、エクセレンスのアイロニーだと思います。優良企業と認定された企業が、次々と経営危機に陥っていったのです。二〇〇五年の九月、デルタ航空が破産法の適用申請をしましたが、これもエクセレント・カンパニーの一社でした。同じように、デーナという自動車部品メーカーも、二〇〇六年の三月に破産法の適用申請を出しています。破産宣告に至る前に、競合企業の軍門に下った会社もあります。名門デジタル・イクイップメントは、コンパックに飲み込まれて、今や影も形もありません。そのコンパックを飲み込んだヒューレット・パッカードですら、経営危機に直面し、外部からCEOを迎える事態に遭遇したのです。IBMも、例外ではありませんでした。

こうしてみると、『エクセレント・カンパニー』から汲み取るべき教訓は、エクセレント・カンパニーなど存在し得ないという一点ではないでしょうか。特定の会社が特定の時期に燦然と光り輝くということは確かにあります。今で言えば、トヨタ自動車やキヤノンがそうでしょう。しかしながら、永遠に光を放ち続ける会社などあり得ないのです。天まで上がった凧がないのと同じで、どんな会社もいつかは地に堕ちます。カンパニーがエクセレントという表現は、虚妄と知るべきでしょう。

では、特定の会社が特定の時期に光り輝くのは、どうしてなのでしょうか。その答は、経営者にあるのだと思います。優秀な経営者がいる。または優秀な経営者がいた。それゆえに、会社は燦然と光り輝くのです。トヨタ自動車で言えば豊田英二氏と豊田章一郎氏、キヤノンで言えば賀来龍三郎氏、そういう人たちです。優秀な経営者が退任してしまえば、会社はいつ輝きを失ってもおかしくない、そんな存在なのでしょう。

エクセレントなのは、経営者であって、会社ではない。こう考えれば、エクセレント・カンパニーに起きたことはつじつまが合います。もちろん、経営者と会社は簡単に切り離せるものではなく、エクセレントな経営者はどこの会社に行ってもエクセレントだ、などと主張するつもりはありません。会社を見る時にただ漫然と眺めるのではなく、経営者の交代が画するエポックを意識すべきではないか。そう考えるだけのことです。

†エポックグラフ

エクセレントなのは、会社ではなく、経営者である。そう気がついて以来、業績推移グラフの上に経営者の在任期間を重ねてみるとどうなるか、機会あるごとに試してみるようになりました。これを私はエポックグラフと呼んでいますが、大学の内外で研究指導をしながら他の人に作成してもらったものまで含めると、吟味したグラフの総数は一〇〇を下りません。参考までに、サンプルを図3―9―1として掲げておきます。

取り上げたのはソニーです。売上高営業利益率（単独決算）のグラフだけでは変化があ

図3－9－1　ソニーのエポックグラフ
（売上高営業利益率と歴代社長在任期間）

ることしか読み取れませんが、これに歴代社長の在任期間を重ねてみると、意味が浮き立ってくるのがわかるでしょう。

この会社は、創業者、井深大氏が率いる時代と、それ以降では、転進とも言えるほどの変容を遂げています。端的に言えば、井深氏の時代は技術志向の会社で、業務用途の製品をたくさん手掛けていました。それが盛田昭夫氏以降、消費者向けの製品をグローバルにマーケティングする会社に変貌を遂げたのです。ちなみに、ウォークマンが発売されたのは、一九七九年のことです。

転進によって、会社と経営者の存在感は確かに大きくなりましたが、その一方で利益率は落ちる一方という状態に入りました。出井伸之氏の時代に大赤字を記録して、ソニーの危機が喧伝されるようになりましたが、大局的に見れば、出井氏はよくやった方でしょう。大賀典雄氏からバトンを受けた時点で、もう赤字圏への突入は不可避という状態だったのです。自由落下のトレンドを変えられなかったという意味では、むしろ大賀時代の功罪を問うべきかもしれません。

このように、エポックグラフはなかなかパワフルです。これですべてが説明できるわけではありませんが、業績の流れを理解する上で、有力なヒントをくれることがしばしばあるのです。利益率が大きく動く節目には、良くも悪くも流れを変えた経営者が存在します。エポックグラフは、そういう経営者（会社で言えば社長、事業で言えば事業部長）を、見事に浮き彫りにしてくれます。いくつかの会社で事業部レベルのエポックグラフも多数吟味してみましたが、事業は経営者で決まると実感することになりました。

†ビジョンのウソ

ビジョンと戦略。似ているようで異質なものですが、両者の区別がついていない人をよく見かけます。「ウチの会社には戦略がない……」とこぼす人も、たいていはビジョンがないことを嘆いているのです。

ビジョン自体は、経営者が替わっても残ります。だとすれば、エクセレントなのは経営者という見方に反しますが、現実は違うのです。

先に取り上げたソニーは、明確なビジョンを持つ会社です。創業者の井深大氏が、「設立趣意書」なるものを残しているからです。これは現在でもソニーのホームページに掲げられていますが、これが中途半端な文書ではありません。この本に換算すれば、一〇ページを超える分量に相当します。

その中に「会社設立ノ目的」という項があり、八点が列記されています。その第一点目に「真面目ナル技術者ノ技能ヲ、最高度ニ発揮セシムベキ自由豁達ニシテ愉快ナル理想工場ノ建設」という有名なフレーズがあります。これが今のソニーで生きているか否かは問いませんが、続く経営方針は明らかに葬り去られました。

経営方針には七点が列記されています。その第一点目に「徒《いたず》ラニ規模ノ大ヲ追ハズ」という戒めが記されており、第二点目には「大経営企業ノ大経営ナルガ為ニ、進ミ得ザル分野ニ技術ノ進路ト経営活動ヲ期スル」と続きます。さらに第三点目には「極力製品ノ選択ニ努メ技術上ノ困難ハ寧《むし》ロ之ヲ歓迎、量ノ多少ニ関セズ最モ社会的ニ利用度ノ高イ高級技術製品ヲ対象トス」とあります。念のために現代語に置き換えると、規模の拡大を追うことなく、むしろ大企業には為し得ない領域へと技術を展開し、他社には出せない高度な製品に取り組もうという内容です。一口に言えば、ハイテクニッチを志す。そんなビジョンでしょう。

あらためて振り返ってみると、ソニーはウォークマンをつくる会社ではなかったのです。ポータブルテレビやウォークマンのヒットに酔いしれているうちに、明らかに会社として大きくなりすぎたし、設立の趣意からは外れてしまったと言うべきでしょう。大きな固定費を抱えてしまったがために、規模の大を追わざるを得ない会社になり、松下電器という大企業と競合しない製品は皆無に近い。これでは、井深氏も本望とは言えないのではないでしょうか。

このように、ビジョンは骨抜きにされてしまいます。辞書を引くとビジョンの第二の意味は「未来像」となっていますが、これがあてはまるのは、ビジョンを言葉にした経営者の在任期間だけでしょう。経営者が替われば、辞書に登場する第三の意味、「幻想」や「幻影」の方が適訳になってしまうのです。ビジョンの第一の意味、「視覚」に映るものは、危ないと考えるべきでしょう。

ビジョンの精神が継承されないのは何故でしょうか。理由は大きく分けて二つあります。一つは、世の中が刻々と変わるからです。井深氏の設立趣意書には、「日本再建」、「戦災通信網」、「ラヂオ」、「真空管」といった類の言葉が並びます。井深氏と言えど、当時の時代背景に反応して、自らの決意を固めているのです。言葉にした瞬間、ビジョンの陳腐化が始まることは避けられません。

もう一つの理由は、人の自我にあります。着任した以上は前任者との違いを打ち出そう。そう考えるのが、人のサガなのです。表面上は没個性に見える日本人ですら、「前任者の路線を継承し……」と言うのは口だけで、内心は自己を打ち出すことに強烈な意欲を燃やします。これは目の当たりにするたびに、私も驚くばかりです。

†戦略は人に宿る

戦略はどこに存在するのか。そんな問いを投げかけて第三章を書き起こしましたが、いよいよ正面から答える時が来ました。答は、経営者の頭の中です。組織や文書に戦略が宿ることなど、あり得ません。

大企業ともなれば、どこにも「経営企画」を名乗る部署があります。そこが立派な資料を作成して、戦略の全社的な共有を図ります。またはコンサルティング会社が、経営陣の委託を受けて、洗練されたプレゼンテーションを行います。これらを、戦略と勘違いしてはいけません。そこにあるのは、戦略の入口にあたる分析だけです。それは、文書を作る当の本人たちが熟知しているところで、文書を受け取る経営者は、文書は文書、判断は判断と、最後は自分で指示を出していくのです。

さらに言えば、「戦略をつくる」という発想自体が、そもそも間違っています。戦略をつくろうと思えば、経済の状況や自社の状況、あるいは競合の状況や技術の状況について、様々な「想定」を置くことになります。向こう数年の経済成長率はこうで、そこに開発中のあれが来るはず、競合は気がついていないし、我が社の秘密兵器に対抗する技術は……といった具合です。その手の「想定」が外れた瞬間に無効となるのでは、何の役にも立たないでしょう。

経営者の近くに身を置くと痛いほどわかりますが、戦略とは「本質的に不確定」な未来に立ち向かうための方策です。戦略には「能動的に」というイメージが付きまといますが、実際には、次々と想定が崩れていき、思わぬ方向から、そしてありとあらゆる方向からタマが飛んできます。飛んできたら、受けないわけにはいきません。それが、現実です。

ここで指摘しているのは、コンティンジェンシー（偶発事故）と呼ぶにはあまりにも頻度が高く、日常的な事象です。忘れかけていた研究プロジェクトから予想外に素晴らしい報告が飛び込んだ。稼働したばかりの新鋭機が壊れた。昼食を共にした他社のトップから提携の可能性を打診された。競合から驚きの新製品が発表された。新規借入の利率が思ったより低く収まった。期待の星が会社を辞めた。得意先から品質不良のクレームが来た。先月投入した新製品が中国の北東部で売れているそうだ。原油の値上がりに伴って材料手配の目処が立たなくなった。現実は、こういうタマの連続です。予想外の新しい展開にリアルタイムでどう対処するのか、それが結果として戦略になる。これが私の暫定的な結論です。従来の能動的戦略観と対比させるなら、受動的戦略観と呼ぶのが妥当かもしれません。ここで言いたいことは、一つの案件にどう対処するのかという次元を超えています。経営者は、一見したところ何のつながりもない幾多の案件に判断を下していきますが、判断自体には何らかの傾向、またはバイアスがついて回ります。その傾向が、事後的に一つのパターンとして浮かび上がり、立地、構え、均整、すなわち戦略を形作るのです。事前に漠とした方向感覚を持つことの重要性を否定するわけではありませんが、それだけで立地、構え、均整が定まると考えるのは早計でしょう。

飛んでくるタマを受けとめて、判断を下すのは、あくまでも経営者です。タマの受けとめ方、判断の下し方、これは人次第で大きく変わります。タマがどこから飛んでくるのか事前にはわからないのだから、マニュアルを用意するわけにもいきません。立派なビジョンも役に立ちません。だから、戦略は人に宿るのです。

しかも、タマはどんどん飛んできて、次々と判断を要求します。したがって、戦略は本質的に「時々刻々」と形成されるものなのです。ある時点で誰かに「つくる」という作業を委託すれば、それは走る列車から途中下車するに等しいため、どんなアウトプットも

「作文」に終わることを避けられません。タマが飛んでくるところでしか、戦略はできないのです。それもあって、戦略は頂に座す人に宿るのです。

†肝心要のKKD

戦略が人に宿るという表現は、組織や文書に宿るという発想への反駁です。それはそれでよいのですが、単に人次第と言うだけでは話が前に進みません。人のどこに宿るのか、それが知りたいところです。

そこで、予想外の展開に人はどう対処するのかを考えてみましょう。実は、タマの飛んでくる方角が無秩序なのとは対照的に、人の対処の仕方には秩序があるものです。それは、判断のベースが在るからに他なりません。判断のベースは、異なる人の間ではバラバラであっても、個人の中においては比較的安定しています。そういう人に固有な判断のベースとなるのは、いったい何なのでしょうか。私は、観（K）と経験（K）と度胸（D）だと捉えています。

まずは、観の説明から始めましょう。新たにニュースが飛び込んできても、それ自体は無色透明な情報に過ぎません。それに意味を見出すには、何かに照らして解釈するというステップが絡みます。その照合先のことを、私は「観」と呼んでいます。同じカンでも、ヤマカンの「勘」ではありませんし、チョッカンの「感」とも違います。人の受けた教育を投影するモノの見方として、「観」と呼ぶのです。

図3―9―2に示したように、「観」のベースに来るのは、世の中を広く横に見渡した世界観と、世の中を深く縦に見渡した歴史観です。これらは新たな知識の付加に伴って徐々に改訂されていくものですが、日々変わるものではありません。どんな情報に接したのか、その中で何が頭に焼き付いたのか、それに応じて人に固有の世界観や歴史観が少しずつ形成されていくのです。

図3－9－2　4つの観

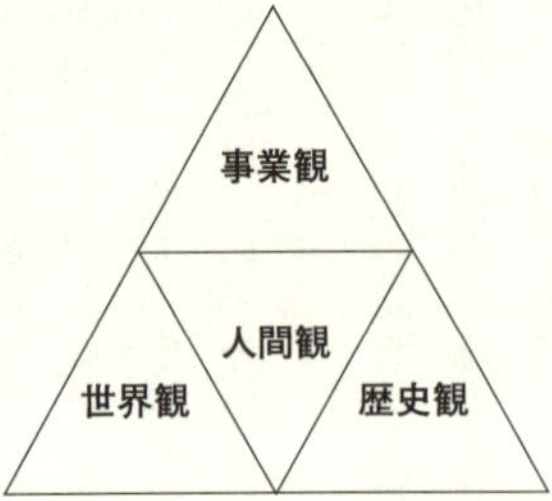

世界観と歴史観の狭間に来るのは人間観です。世界各地には、天災や人災があり、または繁栄や飢餓があり、我々は報道される出来事に日々影響を受けています。さらに、歴史上の人物の栄枯盛衰も我々は学びます。それに加えて、小説を読んだり、学校教育の中で集団生活も経験します。その集積として、我々は人間に対する見方を形成するのです。世界観や歴史観以上に、人間観は人によって多様かもしれません。

これら三つの「観」は、広義の教育を反映します。逆に言うと、三つの「観」を形成することが、教育の目的と言ってもよいでしょう。その意味で、三つの「観」は「教養の土台」と読み替えても差し支えありません。教育が貧しいと、その影響は甚大です。

事業観には職業人生の中で学ぶことも大きく寄与するのですが、それらすべての集大成として、自ら営む事業の見方ができあがるのです。国内売上が減少している。中国に工場を出すべきか否か。それともインドに行くべきか。または国内で新たな事業を模索した方が報われるのか。この手の判断は、最終的に「観」が左右します。

次に経験です。不確定な未来に立ち向かうとき、そして答のない問いに取り組むとき、人は自らの経験を拠り所にするものです。過去にうまくいったことが、これからもうまくいくという保証はどこにもないのですが、それは未知の道を選んでも変わりません。どうせ不確定なら、経験に基づいて知っている道を人は選ぶのだと思います。

広く経験と呼んでいますが、その核心を成すのは「手口」です。私が尊敬する経営者を見ていると、誰しもが何かしら決まった技を持っており、その背後を探ると、技に関連する経験に行き当たります。この「手口」という概念については、次の章の第二節で本格的に取り上げることにします。

最後に度胸。不確定な未来に向かって手を打つ以上、最後は思い切りが必要です。戦略は理詰めで解けるものではないため、一〇〇％の確信などあり得ません。胆力といった表現が登場する背景には、そんな理解があるのでしょう。しかし胆力で片づけては、これも話が前に進みません。

度胸の本質は自信であり、自信を背後から支えるのは観と経験だと私は考えます。確かな事業観を持ち、何らかの手口を体得している人は、強烈な自信をみなぎらせているものです。俗に胆力とは言いますが、その本質はやはり頭に格納されているのではないでしょうか。

戦略論に携わっていると常々思うのですが、事業を取り囲む今という時代をどう読むのか、それさえ定まれば、為すべきことは自ずと決まります。仮定は人によりけりでも、推論のプロセスを間違える人は少ないからです。その意味で、戦略の本質は「為す」ではなく、「読む」にあります。経営者が持つ時代認識こそ、戦略の根源を成すのです。

第四章 人材

戦略が人に宿るとすれば、戦略そのものを選ぶことはできません。そのかわり、人を選ぶことで戦略を間接的に選ぶという図式が成立します。

人選が戦略の選択につながるという認識は、あるようで意外とありません。そのせいか、人選を構造的に間違えることで戦略不全に陥っている企業が目につきます。この章では、そういう人選の仕方について私の考えを記してみようと思います。

第一節では、人選が戦略転換を生んだ事例を取り上げます。日本にも好事例はありますが、前任者の急逝に伴って予定外の早い登板となったケースが多く、人選をするための仕組みを確立しているGEのような会社とは比べるべくもありません。

第二節は、人選の基準に光を当てます。幼少期や学齢期に身につける「気質」と、三〇代の仕事を通して身につける「手口」こそ、重要な基準という話です。

第三節は、人事が間違った基準を採用する背景を探ります。その上で、戦略不全の膠着状態から脱却するための具体的なアイディアを記します。選ぶ能力がないならば、当人に選ばせればよい。そんな発想を、経済学の自己選択という概念と絡ませて紹介します。

1　企業は人選により戦略を選ぶ

†ゴーン・ショック

一九九九年三月、社債償還の資金繰りに行き詰まった日産自動車社長の塙義一氏は、倒産という最悪の事態を回避すべく、ルノーの経営支援を取り付けました。その一年ほど前から交渉を続けてきたダイムラー・ベンツに見放された末の、土壇場での収束劇でした。こうして日産は生きながらえましたが、規模では日産を下回るルノーの傘下に入ることになったのです。

同年六月、日産自動車の経営権を握るルノーから、COO（最高執行責任者）が送り込まれてきました。それが、カルロス・ゴーン氏です。塙氏が「ゴーンさんを日産自動車に連れてきたことが、自分の最大の功績」と講演会で語るのを聞いたことがありますが、これは妥当な評価かもしれません。ゴーン氏の下で、日産自動車は見事に息を吹き返したのです。

ゴーン氏による一連の改革は、何冊もの本で取り上げられているので、敢えて繰り返すことはしません。また、ゴーン氏を手放しで称讃するつもりもありません。ここで新たに注目したいのは、彼の登場に伴う日産の戦略転換です。

日産自動車の従来の戦略は、「トヨタ対抗」の一言に尽きると思います。トヨタ自動車がやったことは、すべてやり返す。トヨタ自動車がやりそうなことは、先んじて手をつける。何事においてもトヨタという宿命のライバルが意識から離れることはなく、トヨタ自動車あっての日産自動車という空気すら漂っていました。それが「立地」の選択に色濃く反映されていたのです。

ゴーン氏が来てからの日産自動車は、まるで憑き物が落ちたようにトヨタの呪縛から解き放たれ、自由を満喫しているかの如くです。それが車のデザインにも、車種構成にも現れています。トヨタに対して小さな差異を主張するセドリックやサニーのような車は影を潜め、モダンリビングを謳うティアナのように独創性溢れる車が前面に出てきています。今の日産は、トヨタではなく、市場や顧客を見ていると言ってよいでしょう。その結果、日産の「立地」は明らかに変わり始めたのです。

それ以上に変わったのは、北米事業の展開でしょう。トヨタとホンダは、日本で実績を積んでから北米に新車を投入するという体制を改めて、一九九〇年代に入ると、北米専用車種を現地で生産するという体制に切り替えてきました。それにより北米事業が大きな収益源となったのですが、独り日産だけは切り替えができないまま、業績の悪化を甘受するしかないという苦境に立たされていたのです。ゴーン氏は、これを日産のボトルネックと看破して、過去の判断ミスを修正し、大きく「構え」と「均整」を変えました。

このストーリーは、「人が替わり、戦略が変わる」という命題を絵に描いたような事例です。しかも、話はゴーン氏一人にとどまりません。ゴーン氏は着任するや否や、次々と新しい人材の登用と抜擢を始めたのです。たとえば、いすゞ自動車のデザインセンター部長の職に就いたばかりの中村史郎氏をゴーン氏は引き抜いて、日産のデザインを全面的に任せた上で、常務にまで登用しています。ゴーン氏自身が「人を替えて、戦略を変える」名人と言ってよいでしょう。

しかもゴーン氏の人選に妥協はありません。塙氏の講演によると、日産に来たゴーン氏は、有為な人材のリストを直ちに出すよう求め、塙氏が挙げた二〇〇人前後を自ら面接し、最終的に約一〇〇名を選んだそうです。塙氏は人事畑を歩いてきた人だけに、自分が買っていた人間の半分もが「使えない」と評価されたことにショックを受けたと語っておられましたが、ゴーン氏の方が「人材の選択と集中」に関して明らかに厳しい基準を持っていることを示唆するエピソードでしょう。

†日本人の名経営者

日本を代表する会社に、外国人の社長が社外から乗り込んで来る。黒船のペリー総督の再来かと思いきや、本人は愛想よく、メディアの取材も歓迎する。ここまで条件が出揃えば、時の人が生まれるのは半ば必然です。

しかし、時の人は時の人。一身に注目を集めはしますが、他に有為な人材がいないというわけではありません。内部昇進で社長に就任した日本人の中にも、ゴーン氏を上回る活躍を残した人はちゃんといます。そういう事例を集めて『経営は十年にして成らず』という本を編纂したので、ここではそのさわりに相当する部分をかいつまんで紹介しておきます。

まずは図4—10—1を見てください。これは、花王とライオンの実質単独営業利益の額を、長期にわたって比較したグラフです。一九七〇年代の初頭までは、花王がフラットに推移するのに対して、ライオンの凄まじい進撃が目立ちます。ところがライオンの営業利益が一九七二年に二〇〇億円を突破すると同時に、プロクター・アンド・ギャンブルの日本侵攻が始まります。そしてライオンの利益は急降下し、一九七四年以降、一〇〇億円を上回ったことがないという膠着状態に陥りました。

図4－10－1　花王とライオンの実質単独営業利益（億円）

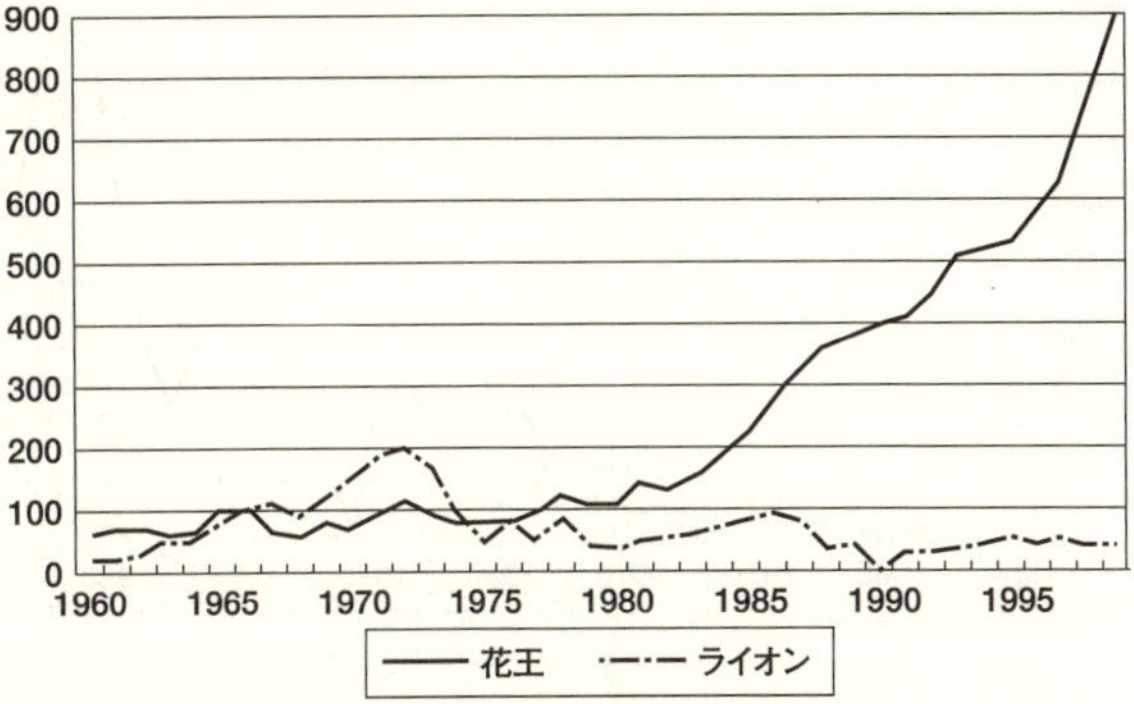

不思議なことに、花王のグラフは対照的な動きを見せています。ずっと潜伏状態にあったのが、一九八〇年代に入ってから急激な利益成長を遂げるのです。一九八五年に二〇〇億円を突破した後は、一九九一年には四〇〇億円、一九九七年には六〇〇億円、一九九九年には八〇〇億円を突破するという具合です。破竹の勢いとは、こういう姿を指すのでしょう。

花王の大躍進をもたらしたのは、この本で何回も取り上げている丸田芳郎という経営者です。研究職から三〇歳にして役員に登用されたという人物ですが、プロクター・アンド・ギャンブルへの対抗策として、彼は販売チャネルの大改革に手をつけました。それまで花王製品の流通を担ってきた問屋制度と訣別して、直販体制を敷こうとすれば、問屋が花王を捨ててライオンを支持しようとするのは火を見るよりも明らかです。丸田氏が副社長時代の一九六九年

図4―10―2　キヤノンとミノルタの実質単独営業利益（億円）

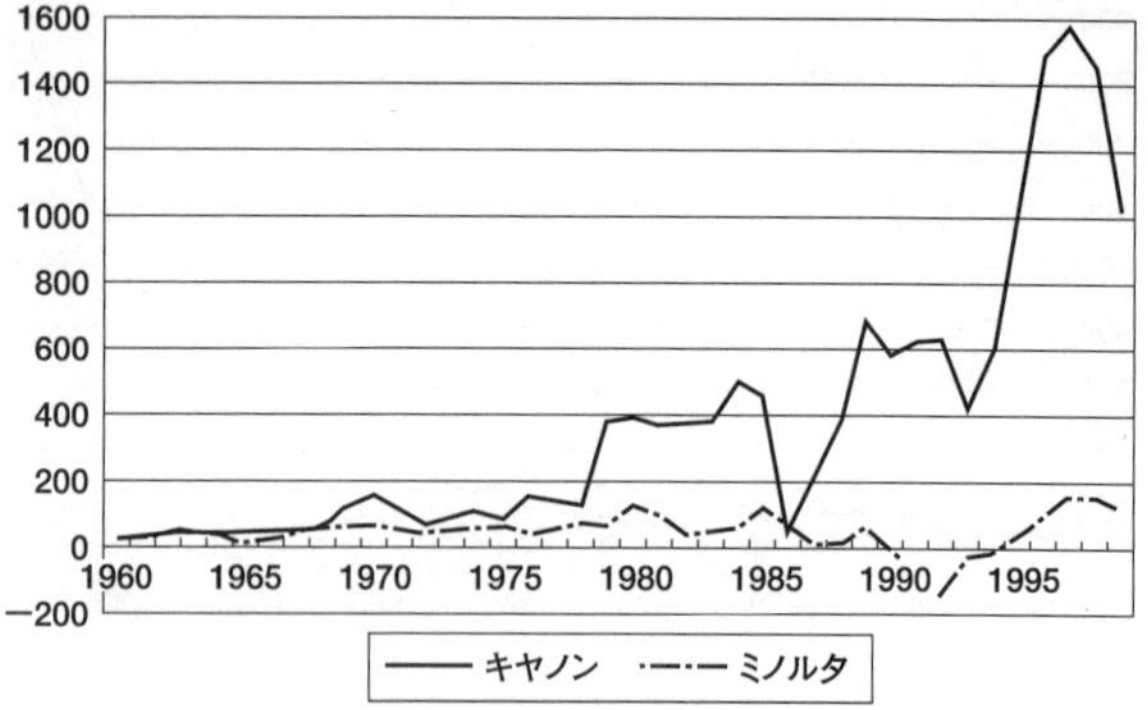

に始めた改革は、反発を乗り越えるのに一〇年を要し、完成に辿り着いたのは一九九九年という難業でした。それを、一九七一年から一九九〇年まで社長の職にとどまった丸田氏がやり遂げて、日用品ビジネスの生命線である流通を制したのです。

次は図4―10―2を見てください。今度はキヤノンとミノルタの対比です。ともに設立は一九三七年、小型カメラの製造販売からスタートしています。東のキヤノンに対して、西のミノルタといったところでしょうか。ところが、結果は大違いです。一九七〇年代の後半から大きな差がつき始め、キヤノンが今や日本を代表する優良企業に数えられるのに対して、ミノルタは二〇〇三年に実質上コニカに吸収されてしまいました。

両社の違いを象徴するのが、商号変更のタイミングです。キヤノンカメラが社名からカメラを落としたのは一九六九年、ミノルタカメラが社名からカメラを外したのは一九九四年のことでした。その差、四半世紀です。名は体を表すと言いますが、キヤノンは一九六八年に普通紙複写機に進出しており、それが商号変更の引き金となっています。ミノルタの場合は、レーザプリンターへの本格進出が一九九〇年でした。

キヤノンの多角化を率いたのは、やはり既に何度も言及した賀来龍三郎という経営者です。彼が企画調査課長の立場で第一次長期経営計画を立案し、一九六二年に事務機への進出を初めて掲げました。そして研究開発の成果が出揃って、いよいよ本腰を入れて事業展開というタイミングで社長に着任し、一九七七年から一九八九年までの任期中に今日のキヤノンを支える技術のみならず、生産や販売の体制を固めたのです。キヤノンは今や我が世の春を謳歌していますが、賀来時代の成果を刈り取るフェーズにあるのだと私は見ています。

面白いことに、丸田氏と賀来氏は共に若くして登板していますが、それは前任者の急逝という事情があったからで、二人とも必ずしも人望の集まる経営者ではなかったようです。彼らを知る人に話を聞くと、自ら定めた使命に向かって突き進む孤高な経営者というイメージが湧いてきます。その点はゴーン氏と大違いですが、彼らがゴーン氏に優るとも劣らない功績を残したことは確かです。

†ネックは人事政策

花王の丸田氏にせよ、キヤノンの賀来氏にせよ、偉業を残す経営者は、優に一〇年を超える期間にわたって社長の座にとどまる傾向が目立ちます。『戦略不全の論理』という本の中で、企業業績と社長任期の関係を調べたのですが、売上高営業利益率が長期で見て二桁に乗る企業に、任期が一〇年を割り込む社長などほとんど登場しないのです。それだけ時間をかけて初志を貫徹しないことには、持続的な競争優位の源泉など固まるものではないということでしょう。

もちろん、社長の任期が長ければ自動的に高収益なんてことはあり得ません。社長任期が長くても業績が低迷する企業はいくらでもありますし、長期政権の弊害である独裁や老害に苦しむ企業の話も至る所で耳にします。図4―10―2に登場したミノルタも、創業者が一九八二年まで四五年にわたって社長を務めたにもかかわらず、芳しい結果にはなっていません。

このように長任期は高収益を保証しませんが、短任期の連続は低収益を不可避とします。それが、『戦略不全の論理』の発見でした。長期にわたって利益のとれる企業を生み出したければ、長期にわたって指揮の執れる経営者が必要にして不可欠となるのです。

しかるに、ここで日本企業は大きな障害に直面します。最強の実務部隊をつくるための人事政策を採用しているため、戦略を選ぶ人選という発想が埋没してしまうのです。

日本で事業や本社の経営職を埋めるとき、候補となるのは本社人事部や役員が掌握している部長層となるのが普通です。ところが四〇代で部長職に就く人たちは、入社以来二〇年前後も分業体制の中で仕事に従事してきて、上司の覚えがめでたいという「管理の達人」ばかりです。一つの事業、一つの職能しか知らないのが通例ですし、仕事の職人や宮仕えのプロという姿勢が身に付いています。そういう人の中から誰を経営職に選んでも、役割を果たすという意識で動くことは避けられません。こうして経営職の管理職化、そして戦略不全が起こるのです。

経営者の何たるかを知る創業経営者は、発想が違います。経営人材の人事を、治外法権とすることが珍しくないのです。たとえば、食品スーパーを営むライフコーポレーションの創業者、清水信次氏は、三九歳の岩崎高治氏を後継に指名しました。三菱商事からスカウトして、数年の修業を積ませた上での人事でした。東京製鉄の創業家最後の社長、池谷正成氏は、四五歳の工場長、西本利一氏を次期社長に選んだそうです。創業者ではありませんが、大丸の奥田務氏が後任社長に五二歳の部長を指名したというニュースも記憶に新しいところです。

このように経営者が自ら次を託す経営者を選ぶのが本来の姿ですが、これが容易ではありません。サラリーマンとして職業人生の大半を過ごしてきた人は人脈が偏っており、自分の知っている範囲で人選をすれば、事業や職能の偏りが避けがたく、閥の形成につながりかねないのです。いきおい役員の中からの人選となりがちですが、そうなると新任社長は六〇歳前後となってしまいます。同期入社の社員が定年退職した後で、社内最年長者が社長を務めるのは収まりがよいと思いますが、それでは時間をかけて初志を貫徹する経営など望めません。次の社長がまた六〇歳前後となるのも目に見えています。戦略不全に陥ると、なかなか脱却できないのは、人事の膠着が背後にあるからです。

経営学の世界には、法学者のバーリー氏とエコノミストのミーンズ氏が著した『近代株式会社と私有財産』(文雅堂書店、一九五八年)という古典が存在します。「所有と経営の分離」を指摘して、専門経営者の時代が到来したことを正面から受けとめた研究書ですが、アメリカではこれが早くも一九三二年に世に出ています。日本では、戦後も松下幸之助氏や本田宗一郎氏や井深大氏の時代が続きました。それを見ればわかるように、創業経営者が姿を消して、専門経営者の時代が到来するのは、二〇世紀も後半に入ってのことでした。アメリカと比べると、半世紀遅れという勘定になります。

専門経営者の時代に入って少なくとも七五年を経たアメリカでは、創業経営者に比肩する専門経営者を輩出する工夫が、社会としても会社としても既に成熟しています。巨大な企業で、サラリーマン上がりの経営者が確かな人選をするためには、それなりの仕組みが必要となりますが、それもアメリカでは用意されています。

日本では、ここ一〇年ほど、やっとガバナンスの議論が盛んになってきたというところです。しかし、これは手順前後と言わざるを得ません。専門経営者を牽制する前に、牽制を要するほど力のある専門経営者を出さないことには話にならないのです。ストック・オプションを導入すれば意欲の問題は解決するかもしれませんが、能力の問題は別の解を要します。経営人材の育成を目指して社内に教育機関を設ける企業が増えていますが、それが解として本当に十分かがこれから問われることになるでしょう。

†GEの経営者選抜

経営者と言えば、アメリカのGE社が人材の宝庫として古くから知られています。その基盤を固めたのは、一九五〇年に社長に就任したラルフ・コーディナー氏です。彼は高度に多角化したGEの経営を司るために、徹底した分権制を導入すると同時に、個別事業の経営を委ねられる人材の養成に意を用いました。

具体策の第一弾は、クロトンビルの開設です。ニューヨーク州ハドソン川のほとりに六万五千坪のキャンパスを構える企業内大学のことですが、人事関係者を始めとして、訪れたことのある日本人も少なくないと思います。ただし、その歴史が一九五六年にまでさかのぼることを知る人は少ないでしょう。しかも、開設当初から毎年一五〇億円という規模の予算が投下されていることを知る人は、さらに少ないかもしれません。そして、クロトンビルが第一弾に過ぎず、重要なのは第二弾の方であることを知る人は、それこそ皆無に近いのではないでしょうか。

コーディナー氏がクロトンビルの開設に合わせて用意した第二弾は、セッションCと呼ばれています。これは事業計画に比肩する人材計画の呼称です。具体的には、毎年決められた時期になると本社人事のスタッフが各事業体を訪れて、全社網羅的に有為な人材の個別評価をし、事業サイドと任用計画を立て、さらに現任幹部の後継者が誰なのかを見定めるというプロセスです。合意した計画に対しては、年度半ばにレビューも入ります。

考えてみると、具体的に人を想定しないことには、いくら立派な事業計画を立てても回るものではありません。また、いくら立派なキャンパスを整備しても、凡人を送り込んだのでは成果が出るはずもありません。すべては人選にかかっているのです。セッションCは、その人選を自由かつフォーマルに、しかも重層的に行うための制度と受けとめればよいでしょう。

具体的な話として、GEは二九の職位階層を設けています。職位一五から一八の間はエグゼクティブと呼ばれ、ここに四〇〇〇人内外の経営職候補生の候補生が登録されています。さらに職位一九から二一の間はシニア・エグゼクティブです。ここには四〇〇人強の経営職候補生が置かれています。職位二二から上はオフィサーと呼ばれ、ここに一五〇人前後の現役経営者がいるという具合になっています。

クロトンビルは、教育の場でもありますが、それ以上に評価の場にもなっています。それがあるからこそ、セッションCでは冒険ができるのです。たとえば、これはという人材がセッションCでエグゼクティブの候補に浮上すると、まずはクロトンビルのマネジメント・ディベロップメント・コースに送り込んで、評価にかけます。ここには、年間六〇〇人分の枠があるそうです。見込みのあるエグゼクティブには、年間一五〇人分の枠を持つビジネス・マネージャー・コースが待ち受けます。同様に、シニア・エグゼクティブには、三五席のエグゼクティブ・ディベロップメント・コースが用意されています。それぞれのコースを高い評価で通過すると、特進という仕掛けです。セッションCとクロトンビルが車の両輪を成していることがわかると思います。いずれか片方だけでは十分に機能しないのでしょう。

前CEOのジャック・ウェルチ氏は、自らクロトンビルに登壇することで、風化しつつあった制度に活を入れました。仕事の成果は、どうしても事業環境や先人の努力を反映するため、極めてノイズの多いシグナルにならざるを得ません。それに対して教室で観察される内容は、条件が同じであるだけに、人の持つ潜在能力を純度高く表現します。ウェルチ氏は、事業に口を挟む代わりに、クロトンビルで人を測り、その心を摑むのに時間を費やしました。そして眼鏡に適う人材には、一段と高い挑戦の場を与えたのです。ウェルチ氏は、上位一〇〇〇名の動向を絶えずフォローしたと言われます。

こうしてGEは、三〇代の人間を積極的に発掘し、トップの評価にかけ、様々な試練の場を与えます。だから四〇代でCEOの務まる人材が社内で育ち、二〇年政権が実現するのです。だてに「経営人材の製造マシン」と呼ばれるわけではありません。クロトンビルのトップを務めるスーザン・ピーターズ氏は、今では役員の一人として名を連ね、リーダーシップの開発と人材の発掘に責を負うと明記されています。

日本企業のように、三〇代の人間を初期配属事業の中に閉じこめて、そこでの実績で評価しようというのでは、選抜に時間がかかりすぎる上に、選んだ人材の当たりはずれも大きくなってしまいます。戦略、戦略と叫ぶ暇があれば、人選をするメカニズムにメスを入れるべきでしょう。それを半世紀も前に実行したGEは、やはり偉大です。

2　傑物は気質と手口で人を選ぶ

†誤診の源泉

人を選ぶ。これは、人間が直面する課題の中で、もっとも難しいことの一つでしょう。人が相手となると、理性だけで済まされるものではなく、必ず情が絡みます。出来が悪くても、頼ってくる人間が可愛いと映るのは人情ですし、出来の良すぎる人間が脅威と映るのも、これまた自然な感情だと思います。そういう心の動きに頭が負けて、人は多くの人選ミスを犯すのです。

誤診を犯さないためには、感情に作用する種々雑多なインプットをフィルターで濾過してしまう、そんな頭のつくりが大事になるのかもしれません。人のどこを見るべきかが頭の中で明確に整理されていないと、これは望めないでしょう。したがって、ここでは人を分けるポイントについて自由に論じてみたいと思います。

人を見分ける概念は、一つではありません。パーソナリティ（性格、人柄）、キャラクター（品性、人格）、テンパラメント（気質、感受性）あたりがその代表格ですが、それぞれ着眼点が微妙にずれています。このうちパーソナリティは、人の他人に与える印象に着眼した概念で、その源は人が醸し出す雰囲気にあるとされています。キャラクターは、人に内在する特性そのものに着眼した概念で、特に倫理、道徳面を重視します。テンパラメントは人の外に現れる傾向に着眼した概念で、感情の動き方を捉えます。

念のために英英類義語辞典の定義を訳しておくと、次のようになります。パーソナリティ＝個人の心象を形成する振る舞いや身体上の特徴群。キャラクター＝個人を分け隔てる感情的、知性的、そして道徳的な性質の組合せ。テンパラメント＝人の感情的な反応に見られる傾向。それぞれの言葉には複数の意味がありますが、ここでは、相違を浮き立たせる意味一つに限っています。

言うまでもなく、人が普通に話題にするのはパーソナリティです。これは自分が受ける印象の問題ですから、話しやすいことは確かでしょう。現に、誰かの人柄を話題にする小集団は、電車の中や居酒屋を始めとして至るところで見かけます。あたかも、自分が受けた印象を他の人が受けた印象と比較して、同じならば安心する、またズレがあれば自分のアンテナを調整する、そんな様子です。これは、人間の自己メインテナンス活動の一環という気がします。

パーソナリティは、遭遇したばかりの人についても議論できますが、キャラクターやテンパラメントとなると、そうはいきません。キャラクターやテンパラメントを論ずるには、人の全体像を捉えていることが前提となるからです。そのためには、時間をかけて、意識して人を見る努力が欠かせないでしょう。

人選を、パーソナリティに基づいて決めると間違えます。人と対峙して、凝視して、そのキャラクターとテンパラメントを見極めて、その上で人選はするものです。ただし、キャラクターで選んでもいけません。キャラクターは不適格な人物を除外するための基準であり、最後はテンパラメント、すなわち気質で選ぶものだと私は考えます。

テンパラメントは、人が何を楽観し、何を悲観するかという楽観と悲観のポートフォリオを決めるものです。それは、外部から入ってくる情報を処理するプログラム回路のような役割を果たします。そういうテンパラメントが、経営者の「観」の形成を左右するのです。

†三つ子の魂

キャラクターやテンパラメントは、どう見極めたらよいのでしょうか。これは科学として答の出ている問題ではないので、経験に照らして語るしかありません。ここでは、これまで五〇〇名以上の経営者、または経営者候補生をじっくり観察する機会に恵まれたことを活かして、私が抱く暫定仮説を述べてみたいと思います。学者としては専門外に踏み出す大胆な発言になりますが、それを承知の上で読み進めていただければ幸いです。

まずはキャラクター。結論を先に述べると、こちらは簡単に見えないと思います。人に見られていると知りながら、非倫理的、または非道徳的な言動を見せる人は、そうそういるものではないからです。キャラクターを見抜くには、様々な局面における日常の観察、しかも長期にわたる観察が必要になるでしょう。内部登用は、その点で有利です。

次にテンパラメント。これぞ人選の決め手ですが、こちらは工夫次第で見えると私は信じています。工夫というのは、人を見るときに心眼を用いること、そして眼の焦点を相手の芯に置くことです。人の外に出てくるものを見てしまっては、パーソナリティとテンパラメントを混同して、誤診を下すことになりかねません。

この世には、エネルギーが外に出る人と、内に籠もる人がいます。外に出るとは、たとえば意欲をあからさまに表に出してはばからないということです。内に籠もるとは、同じ意欲を自分の中に秘めて、人に誇示するのをよしとしないということです。これは、どちらかに軍配を上げるという類の話ではありません。純粋にパーソナリティの問題だと思います。どちらのタイプでも優秀な経営者はいますし、どちらのタイプでも駄目な経営者はいるものです。そこで断を下してはいけません。

では、どうすればよいのでしょうか。そこで登場するのが「三つ子の魂は社長まで」という命題です。テンパラメントの源泉は人の奥深いところ、すなわち芯にあり、それには必ずそれを形成した出来事が対応しているように思います。そしてテンパラメントを形成する出来事は、人の一生涯の中でもかなり早い時期に集中します。遅くとも三〇歳、普通は二〇歳、もしかすると一〇歳までに起こる出来事が、人のテンパラメントを形成してしまうのではないでしょうか。

そう思うがゆえに、私が人を見るときは、その人が無防備な時期、または多感な時期に、どんな環境に身を置いたのか、何を感じたのか、何を考えたのか、そこにテンパラメントの強い形成要因があるのかないのか、それを理解しようと努めます。テンパラメントの表現は人それぞれなので、それを形成時点の環境や出来事で捉えようというわけです。これなら客観的な把握が可能で、たとえ一〇〇%の精度とはいかなくとも、こちらが誠意ある態度で聞き取りに臨む限り、それなりに全貌が理解できると感じます。

こういう発想を持つに至ったのは、経営者の自伝を読みあさった時からです。誰もが幼少期、特に両親、社会、自然との接点を記述するのにかなりの紙幅を割くだけでなく、そこで書かれている内容が、外に出るテンパラメントと整合的と来ているのです。両親から引き離されて時計の分解・組み立てに没入した井深大氏が、技術者の夢を大事にする経営者になる。丁稚奉公を通して人の機微を体得した松下幸之助氏が、腰の低い経営者になる。高等工業学校で出会った師から芸術を通して創造の心を「ぶちこまれた」丸田芳郎氏が、慣習を打ち壊す経営者になる。不確実性の高い上海という地で育った賀来龍三郎氏が、大局を重んじる経営者になる。三〇代後半にしてやっと子宝に恵まれた母親の愛情を一身に受けたジャック・ウェルチ氏が、自信に溢れる戦闘的な経営者になる。およそ、こんな具合です。

もちろん自伝物語には定番とも呼ぶべき型があります。人生を整合的、または予定調和的に記そうとするバイアスがどこかで働く可能性は無視できません。したがって、書かれたことをすべて額面どおりに受け取るのはまずいと思いますが、一つの有力な仮説があると受けとめるくらいは差し支えないでしょう。

そこで機会あるごとに、現役の経営者、またはその候補生を対象にして、仮説のインフォーマルな検証を試みてみたところ、肯定的な結論に傾いているというわけです。彼らは、自伝を書くには至っていないため、バイアスの心配は要りません。にもかかわらず、形成期の出来事に耳を傾けてみると、テンパラメントの理解が格段に進むのです。三つ子の魂は、やはり強力ということだと思います。

†三十路の手

経営者に適したテンパラメントは、必ずしも一つの型に集約されるわけではありません。それは、優勝劣敗の淘汰プロセスを生き抜いてきた創業経営者を見ればわかります。たとえば松下幸之助氏と本田宗一郎氏。この二人のテンパラメントは、似ても似つかないと言ってよいでしょう。片や熟慮の人で、片や奔放に生きた人です。

そして、テンパラメントだけで経営成果が上がるかと言えば、そうではありません。具体的に事業の立地や構えや均斉に作用する手口、または得意とする決め技を持たないことには、現実が動きません。現実が動かなければ、成果が上がるはずもなく、せっかくのテンパラメントも宝の持ち腐れに終わってしまいます。テンパラメント、すなわち気質はガソリン、手口はエンジン、そう考えればわかりやすいでしょう。ガソリンが満タンでも、エンジンが駄目な車は走りません。逆もまた真なりです。

手口という概念の重要性に気付いたのは、三菱化学の副社長を務める船田昌興氏の話を聞いたときです。神戸大学で講演をしてくれたのですが、彼は世界のその時々の開発途上国へ出ていって、現地の信頼できるパートナーと手を結び、双方に有利なウィン・ウィンの構図の下で、リスキーに見えるプロジェクトを成功に導くという見事な手口を持っています。まるで一つの型から同じ形をしたクッキーが次々と生まれるように、テレフタル酸事業において、これを韓国（一九八八年設立）、インドネシア（一九九一年設立）、インド（一九九七年設立）、中国（二〇〇五年設立）と矢継ぎ早に横展開し、三菱化学に多大な利益をもたらしました。

船田氏がこの手口を身につけたのは、ブラジル駐在の時代です。日商岩井と組んで、三菱化学から技術を出し、現地で合弁会社を運営するという仕事をしながら、ブラジルの企業家や政府高官と濃密な接点を持ち、ハイパー・インフレーションをものともせず、四年で配当を出すところまで持ち込んだそうです。船田氏が三〇代後半のことでした。そして四〇歳で帰国して以来、今日まで駆け抜けてきたというわけです。

船田氏がそうであったように、手口は自ら手を下す三〇代で身につけるものでしょう。二〇代ではまだ大きな仕事ができませんし、四〇代になって部長ともなれば、手を汚しているわけにもいきません。その意味で、三〇代は貴重です。そこで頭と体を動かして、出てくる結果のフィードバックを受けないと、手口は身につきません。自転車やピアノと同じことで、これは体得するものなのです。

したがって不惑を越えた人を見るときに、私はテンパラメントのみならず、何らかの手口を体得した人なのか、そして手口の中身が何なのかを押さえるよう努めます。また三十路の人を預かれば、私は手口が身につく場の設定を重視します。何から何まで自分の手でやって、出てくる結果を直視せざるを得ない。そんな場が設定できれば最高です。

ここでは船田氏の例を引きましたが、彼から得た洞察は、他の経営者にも当てはまります。松下幸之助氏の三〇代と言えば、「ナショナル」ブランドを立ち上げて、乾電池やラジオの大量生産に取り組んだ時代です。花王の丸田芳郎氏は、一九五〇年、三五歳で渡米し、プロクター・アンド・ギャンブルやコルゲート・パーモリーブ、さらにはGEといった名門企業を訪問しています。そして帰国した後は技術畑を離れ、営業畑に異動しています。キヤノンの賀来龍三郎氏は、三四歳で職務分析委員会に出向して職能の壁を横断する知識を仕入れ、その後は企画の立場から組織を動かす仕事に従事しました。いずれも自ら手を下し、具体的な手口を体得している点は同じです。

†GEの指名

GEでジャック・ウェルチ氏を指名したのは前任のCEO、レジナルド・ジョーンズ氏でした。SBU（戦略事業単位）という新しい組織を導入した人物で、彼自身が「伝説の経営者」として知られています。そのジョーンズ氏が、退任してから一年後にハーバード・ビジネス・スクールで講演し、後継指名の経緯について語っています。人選というデリケートな話題が日の目を見ることは少ないので、貴重な話と言ってよいでしょう。

そこでジョーンズ氏が語った内容は、こんな具合です。ジャックは、ニューイングランド出身のヤンキーで、ゴルフがうまい。自分は本物のイングランド出身で、堅い人間。ジャックは感情を表に出し、自分は出さない。だから自分は胃潰瘍になり、彼の胃袋はまだ健在。ジャックは化学工学の学徒、自分は古典文学の学徒。休日の過ごし方、そして趣味や興味も二人はまったく違う。しかし、共通点も数多い。二人とも、ブルーカラーの家庭で育ち、ハンズ・オン。つまり、雲の上から経営をするのではなく、現場に突っ込んでいくタイプ。ジョーンズ氏は、その点が気に入ったと語っています。

GEのトップ人事は、取締役会の専決事項です。社外取締役が見守る中、二年余にわたって後継レースが繰り広げられ、徐々に候補が絞られていくというプロセスを辿ります。ウェルチ氏の場合は、毛並みの良い保守本流のライバル候補がいて、ウェルチ氏を支持する取締役は少数派というスタートラインから出発しました。それが逆転に至ったのは、実はジョーンズ氏が最初からウェルチ氏を本命候補と位置付けており、それが影響したからではないかと私は見ています。

ジョーンズ氏はウェルチ氏のどこを買ったのでしょうか。ハンズ・オンというテンパラメントがポイントの一つであることは間違いありませんが、ジョーンズ氏の講演の中に、もう一つのヒントがあります。講演は、経営は人なりきという話で始まりますが、最後の方はGEの巨体を経営管理するのにいかに苦しんだかという話が延々と続きます。自ら戦略計画をレビューすべくSBUという組織を設けたものの、その数が四〇以上もあっては寝る間もなかったと言うのです。先進的な経営管理で知られるジョーンズ氏ですが、経営管理の限界を最も切実に感じていたのは彼だったのかもしれません。そんなジョーンズ氏が、ウェルチ氏の計画軽視、人物重視の手口を買ったとすれば、納得がいくでしょう。

では、ウェルチ氏は自らの後継CEOをどのように選んだのでしょうか。レースの開始は、役員の担当が大幅に入れ替わった一九九八年の一二月です。そこで生き残った最後の三人を、二〇〇〇年一〇月二日号の『ビジネス・ウィーク』誌が紹介しています。最終指名まであと二カ月というタイミングです。

最初の候補は四四歳のジェフリー・イメルト氏。父親はGEの管理職、母親は学校の先生、自分はダートマスで経済学と応用数学を専攻し、ハーバードのMBAという人物です。チームの動機付けに秀でる一方で、三〇代は家電と樹脂の営業に携わり、顧客にハンズ・オンで仕える仕事をしてきました。医療費削減のあおりを受けて伸び悩む医療機器事業の経営をその後担当して、爆発的な成長を実現した実績があります。他の事業でくすぶっていたハーバードの後輩を投入して、医療機関のIT化という新しい事業を創出したというのがその仕掛けですが、信販部門を伸ばすことで家電製品事業に成長をもたらしたウェルチ氏を彷彿とさせるエピソードと言ってよいでしょう。

第二の候補は五一歳のジェームズ・マクナーニー氏。父親は大学教授、母親は大学教授の娘、自分はイェールでアメリカ史を専攻し、ハーバードのMBAという人物です。航空機エンジン事業の経営を担当して、ボーイング777のエンジンを独占供給するという契約をものにした実績があります。ボーイングとの関係が悪化していたのを、自らの誠実かつハンズ・オンなスタイルで一気にひっくり返したと言われています。ただし三〇代にこれという仕事がなく、カリスマ性に欠けるという指摘もあります。

第三の候補は五二歳のロバート・ナデリ氏。父親は食器洗浄機やテレビ受像器の設計に携わったエンジニアで、自分は西イリノイ大学で経営を専攻し、ルイビル大学のMBAという人物です。週に七日働くことで知られ、原動機事業を高収益の成長ビジネスに仕立て直した実績があります。このときはウェルチの弟と呼ばれたそうです。GEの仕事の進め方に忠実かつ行動主義者であるため、戦略的な思考に弱点があるとも言われています。三〇代にこれという仕事は語られていません。

ウェルチ氏が選んだのは、イメルト氏です。マクナーニー氏は、その後3MのCEOを経て、現在はかつての顧客、ボーイングのCEOを務めています。ナデリ氏は、ウォルマートに次ぐ全米第二の小売チェーン、ホーム・デポのCEOとして手腕を発揮しています。選任のプロセスは、ジョーンズ氏のときとまったく同じでした。

ウェルチ氏はイメルト氏のどこを買ったのでしょうか。二人の人物重視の手口は酷似しており、それが理由の一つであることは確かです。それに加えて、「意志が強く、情に流されないことは大事だけれども、それと利己的であること、または人に意地悪であることは違う」と語るイメルト氏のテンパラメントを、ウェルチ氏は買ったのだと思います。激動の時代の後は、どこかに人心融和の要素が必要ということでしょう。ウェルチ氏はイメルト氏について、「人が彼の後をついていく」と語っています。

3 人事は実績と知識で人を選ぶ

†実績主義の虚構

企業社会においては、何と言っても実績がモノを言います。稼ぐ人間が、稼げない人間を食べさせるという基本的な構図があるからです。たいていの会社では、稼ぐ人間はごく一握りで、ほとんどの社員は食べさせてもらう側に回っています。売上成績の上がらない営業員、開発成果を出せない研究員、このあたりは典型的な被扶養社員です。本社業務に携わる人たちも皆そうですし、赤字事業に携わる人たちも、誰かが稼いでくれるからこそ、給料をもらいながら事業を継続できるわけです。

いつの世もそうですが、稼ぐ人間には権力が集まります。食べさせてもらっている人間は、食べさせてもらっているというだけで引け目を感じるものですし、強く出て庇護の下から外されようものなら、それこそ大変です。腰を低くして、下手に出るのが普通でしょう。それゆえ、どこの会社でも実績ある稼ぎ頭は、肩で風を切って歩くものと相場が決まっています。

これが実績主義の温床です。かくして花形事業の総帥は飛ぶ鳥を落とす勢いで社長の座につながる階段を昇っていきますし、光り輝く営業実績や開発実績を持つ人が先輩を差し置いて管理職の階段を昇っていくのです。

しかし、それで良いのでしょうか。実績を上げた人には何らかの報奨が必要としても、それが昇進という形を取ってよいのでしょうか。昇進するということは、それだけ経営者のポジションに近づくことを意味します。実績の裏付けを持つ人は、本当に経営者の適性に秀でているのでしょうか。

答はノーに決まっています。実績と言っても、それは営業や開発といった実務の世界における成果です。経営とはまったく別の世界で上げた成果が、経営者適性を示すバロメーターになるとは考えにくいでしょう。

さらに言うと、実績は一人で上げるものではありません。営業にせよ、開発にせよ、必ず背後には分業体制を支える黒子が存在します。デリバリーを担当する物流部門、伝票を処理する経理部門、実験器具を作る工作部門、評価を担当する計測部門などなど、数々の裏方がいて初めて営業成果や開発成果が成り立つのです。同じように、先人たちの努力を忘れてもいけません。市場に足場を築いたのは誰なのか、基礎技術を作ったのは誰なのか、考えてみてください。実績の虚構が見えてくるでしょう。

実績とは言いますが、成果が測定できる部署は限られています。追風の吹く事業もあれば、逆風の吹く事業もあり、測定した成果ですら、当人の力を正確に反映するものではありません。大きな測定誤差が含まれているのです。それなのに、今の花形事業にたまたま配属された人間が、たまたま日の当たる部署にいたというだけで、経営者に向いていると言えるのでしょうか。

実績で経営者を選ぶとロクなことになりません。実績のある人がみんな駄目というわけではありませんが、実績があっても、経営者としては駄目という「管理の達人」はいくらでもいます。逆に、これという実績がなくても、経営者としては秀逸という人もたくさんいます。実績、実績と振り回す人をよく見かけますが、冷静に考えてほしいものです。

†知識主義の誤解

我が社の課題は技術にある。よって次の社長は技術のわかる人がふさわしい。こんな話を至るところで耳にしますが、私には理解のできない論法です。

管理の達人には、確かに専門知識と印鑑が欠かせません。部下が見落とす盲点をチェックする責任を職場の長が負うからです。新人が仕事を覚えるときは、基本をマスターするところから始めますが、基本があるということは、仕事内容にバリエーション、もしくは分布が存在することを意味します。いくら基本形をマスターしても、それが通用するのは七割方か八割方。それではカバーできない例外事例に遭遇すると、そうとは知らず失敗に向かって邁進する可能性が残ります。そんな可能性を潰すために、管理職層による稟議という仕組みがあるのです。

例外事例への対処能力は、経験と共に増していきます。分布と言いましたが、正規分布であれば、端に行けば行くほど出現頻度は低くなるものの、出現頻度が低いからと言って、重要度まで低いとは限りません。たまに出現する例外が、対処を間違えると大きな損害を生むこともよくあるのです。その手の失敗を防ぐには、管理職の監視の下で、経験を積むしかありません。遭遇しないことには例外事例の存在などわかりませんし、出現頻度の低い例外に遭遇するには、同じ仕事を長く続けるしかないのです。

実務の世界では、こうして経験に裏打ちされた知識の有無が、圧倒的にモノを言います。だからこそ、年功が重視されるのです。それこそ部長ともなれば、入社して二〇年程度の経験を積まないとやはり苦しいでしょう。

ところが、日本ではやっと部長という年齢で、社長の座に就く人が欧米にはいるのです。なかには失敗する人も出てきますが、それで手腕を発揮する人が跡を絶ちません。ジャック・ウェルチ氏がそうですし、カルロス・ゴーン氏もそうでしょう。何が違うというのでしょうか。

日本では、管理をマスターしたら、その次に来るのが経営という発想が根付いています。これが違うのです。管理と経営は別物で、経営が管理の上に来るということはありません。守る管理と攻める経営では、純粋に機能が違うため、管理をマスターしても経営ができるという保証にはなりませんし、管理をマスターしなくても経営はできるのです。お互いに敬意を持つことは大事ですが、経営をする前に管理の経験を積む必要はないでしょう。

端的に言えば、実務は知識ですするものです。経営は、知識でするものではありません。

知識の本質は過去の経験にありますが、経営は本質的に不確定な未来に向かって作用するものなのです。そこで求められる大局的な判断に、広い教養は役に立つとしても、実務の知識は必ずしも必要ないでしょう。

では、経営は何をもってするものなのでしょうか。答は事業観です。事業観の形成には、観察が必要とされます。したがって、全くの異業種から〝落下傘〟で降りてくる人に経営ができるかと言えば、難しいと思います。同じ理屈で、少なくとも大企業となれば、三〇代で経営などできるものではないでしょう。

経営者を選ぶにあたって、経験は確かに重要です。人はどうしても経験に引きずられるし、手口の形成にも経験は欠かせません。しかし、手口の意味での経験は体得するものであって、知っている、知らないの問題ではないのです。そこは注意が必要でしょう。

知識で選ばれた経営者を見ていると、むしろ知識が邪魔をする現象が目につきます。たとえば技術のわかる人ということで選ばれた経営者は、どうしても技術の実務知識を振りかざします。そうなると、かつての後輩にあたる技術部門の人間は萎縮するばかりで、短期的な成果は上がるかもしれませんが、長期的には組織体力の低下を招きかねないのではないでしょうか。

†人事部門の凋落

かつての日本企業には、アメリカの三権分立と肩を並べる叡智がありました。権力が集中すると、暴走、そして衰退が必ず起こります。これを防ぐには、拮抗力を活かすしかありません。日本企業は、事業の長が大統領、人事・経理部門が議会、社長が司法府、そんなフォーメーションを事業ごとに用意して、拮抗力をフルに活かしてきたのです。

稀少資源を握る者は強い。これは昔から変わらぬ鉄則です。会社で稀少な二大経営資源と言えば、ヒトとカネ。それを握る人事部門と経理部門に東大卒の社員をあてがうのが、日本企業の知恵でした。人事社員と経理社員だけは、事業に配属されても本社の職能部門に帰属して、現場から叩き上げてきた事業の長を牽制したのです。体で経営をする現場の長に決める権限を与え、頭で経営をする人事・経理社員にヒトとカネを握らせる。そして両者がぶつかれば、社長が裁定に回る。そんな図式がありました。

ところが、いまや事情は一変しています。事業のグローバル化や技術の高度化に伴って、優秀な大卒社員が事業部門に配属されるようになり、人事や経理の相対的なパワーが落ちてしまったのです。それに伴い、人事や経理は高度な実務をこなすスペシャリスト集団へと変貌を遂げ、経営の匂いが消えてしまいました。

松井証券の社長を務める松井道夫氏が、『好き嫌いで人事』（日本実業出版社、二〇〇五年）という本を出しています。社員の処遇は、社長の好き嫌いで決めるというのです。いくらオーナー社長とは言え、個人の好き嫌いで人事をやられたんじゃたまったものじゃないと思うかもしれませんが、よく考えてみてください。個人の好き嫌いの感覚はそう簡単に変わるものではないし、周囲に見えるはずです。評価される側は、合わせる努力をすればよいし、その努力が裏切られることもないでしょう。合わせるのが嫌なら、そもそも入社しなければよいのです。これぞ、人事本来の姿ではないでしょうか。

好き嫌いの統一基準があれば、それが社風をも形成するし、競争力の源泉にもなるでしょう。強い人事部門は、少数精鋭の組織として、松井証券で松井道夫氏が果たしている役割を果たしていたのだと思います。

ところが、いまや好き嫌いを撲滅するための膨大な事務作業が人事の仕事と化してしまっています。わけのわからない評価項目をたくさん作り、その積み重ねで無機的に人の処遇を決めているうちに、人事の仕事は「公平」を確保することだと勘違いする人まで続出する始末です。何とも手に負えません。

実績や知識は、確かにわかりやすい基準です。人事に対する不平不満を最小化したければ、そんな基準に傾くのもわかります。しかし基準を「公平」にすればするほど、人事の存在意義は薄れていくのです。いまや人事権はラインに持たせるべきという人事部不要論すら聞こえるようになりました。そんな流れにつけば、過剰雇用が横行し、イエスマンが増殖することは目に見えています。結末は悲惨でしょう。

人が人を選ぶと言うと、普通の人は躊躇します。しかし、信頼される経営者が自ら選抜にあたり、採否の理由を説明すれば、納得がいかないという人はそう簡単に出るものではありません。経営職に就く可能性が消えても、それはそれで人は頑張ります。その証拠に、創業家が社長の座を押さえ込んでいる同族企業にも、有為な人材はたくさん入社しているのです。説明責任を伴う選抜から、経営者や人事が逃げてはダメでしょう。

†自己選択の知恵

経営者の管理職化と、人事部門の弱体化が行き着くところまで進んでしまうと、内からの改革には期待できません。かと言ってゴーン氏がどこかから降ってくる見込みなどない会社は、一体どうすればよいのでしょうか。

戦略のできる経営者を育み選ぶ、または選び育む術を失った会社は重症です。しかし、対策がないわけではありません。幸いにして、自己選択という切り札があるのです。

自己選択という用語自体は、情報の非対称性を取り扱う経済学から生まれました。情報の非対称性とは、売り手は知っているけれど、買い手は知るよしがないという状況のことを指しています。逆でも本質は同じです。

普通は、情報を持っている側が有利と思われるのですが、そう単純にコトは運びません。たとえば中古車。買い手は走行距離の短い新しい車を安く買いたいと望んでいます。ところが、売り手だけが事故車か否かを知っているという構図があるため、走行距離の短い新しい車が実際に売りに出ると、買い手は事故車じゃないかと疑います。だから誰も相対取引に参加せず、まっとうな中古車も売れなくなってしまうのです。このように片方だけが情報を持っていると、相手が警戒して取引から身を退くため、情報を持っている側も結局は損をするという現象が発生します。そんな状況下では、情報を開示しても、誰も信用してくれません。深入りすることは避けますが、なかなか面白い問題です。

自己選択は、情報の非対称性に由来する問題を解決するアプローチの一つです。情報を持つ人間に選択を迫って、選択をするという行為を通して情報を正確に開示させようというのです。そのためには、自らを利する選択をすると、自ずと私有情報を開示することにつながるという仕掛けを作らなければなりません。その工夫が、開示される情報の信頼性を担保するのです。

この発想は、企業内の人選にも使えます。ある人に経営者適性があるかどうかは簡単にわかりません。しかし、本人には薄々わかっているとすれば、それを開示させればよいのです。もちろん、ナイーブに尋ねるだけでは適性ありと答えるに決まっています。経営者の収入や権限、地位や名誉を考えると、経営者にならないよりは、なった方がよいとみんな思うからです。経営者になることで失うものがない限り、これは合理的な選択と言ってよいでしょう。

ここで自己選択をさせるなら、報酬に対してコストやリスクをバランスさせないといけません。アメリカは、結局のところ、この発想を巧みに利用しているのです。MBA採用でなければCEOの座につながるファスト・トラックには乗せないと宣言すれば、経営職を志す人間はMBAの学位を取ろうとするでしょう。しかし、二年制のビジネススクールに通うには、何やかんやで大学に一七〇〇万円近くも納めないといけません。これに社交費や放棄する所得を合わせると、どう見ても二五〇〇万円を超える投資になってしまいます。それが実るには、卒業後にファスト・トラックに乗って、経営職に到達しないといけないわけですが、最終歩留は間違いなく五割を切るでしょう。

アメリカは、こんな投資をするのかどうかの決断を、二〇代の人間に迫ります。しかも、CEOの年収を何億円、ときには何百億円につり上げて、大きな成功報酬も提示します。こうして自己選択を迫られる若者は、まさに人生の岐路に直面するのです。自分には経営者適性がないと知る人間は、成功報酬を手にする確率が低いため、早々に断念するでしょう。それに対して自分に経営者適性があると信じる人間は、成功確率を高く見積もるのみならず、成功から来る精神的な報酬まで加味します。そうなると、二五〇〇万円程度の投資にはたじろぎません。かくして、MBA学位を取るか否かの選択が、経営者適性に関する自己評価を開示させることになるのです。

†自薦主義の勧め

こんなやり方が社会的に受け入れられるのは、アメリカの強みだと思います。確かに機会均等ではあるけれど、夢破れる者が続出します。私もそんな現場に立ち会いましたが、舞台裏は壮絶の一言です。判官びいきの日本では、まず無理でしょう。

しかしながら、自己選択のアイディアそのものは日本にも流用できると思います。成功報酬を一億円未満に下げると同時に、コストやリスクも下げて、岐路に立つタイミングを五年から一〇年遅く設定すれば、非現実的とは限りません。まずは自己選択の場を明示的に設けることです。

私が現時点で最良と考える方法は、自己選択を新規事業開拓の使命と組み合わせることです。管理職になる前、主に三〇代前半の社員に応募する資格を与え、気質に基づく選考を通過したら、異動を発令して社長または人事担当役員付きとし、必要な研鑽を積む場を与え、新規事業の立案と経営を任せるのです。経営者適性のある人間には、研鑽や起業の魅力が大きく映るので、苦労など視界に入らないでしょう。経営者適性のない人間は、自分の人生の不確実性を高める選択には乗ってこないと思います。自己選択のバランスを主に金銭勘定で取るのではなく、非金銭的な報酬と犠牲で取る点がミソです。これなら日本でも受け入れられるのではないでしょうか。

こうして選ばれて、研鑽を積み、新規事業を自ら牽引するという試練に三〇代を費やす人間は、筋金入りの経営者に育っていくと思います。管理職のステップを迂回して、絶えず世の動きや事業の全体像を凝視していれば、観と経験と度胸が鍛えられることは間違いありません。何らかの手口を身につける機会も潤沢にあるはずです。『一橋ビジネスレビュー』の二〇〇四年秋号に「専門経営者の帝王学」という論文を寄稿しましたが、そこで記したように、これがアメリカのファスト・トラック方式に対抗する、サイド・トラック方式のアイディアです。当時はアイディアに過ぎませんでしたが、現在では志高き某社で実践段階を迎えています。

第五章

修練

この本を手にした読者の方々は、自社の現状を良しとしない、できることなら自ら経営に携わりたい、そんな意欲を持った人たちばかりだと思います。しかしながら、意欲は往々にして空転します。この最終章では、そんなエネルギーを活かしながら、戦略のできる経営者に近づくために為すべきことを述べてみます。

これは、従来の戦略論ではタブーとも言うべき試みです。しかし、戦略が人に宿るとすれば、パーソナルなことにタッチしないという綺麗事では済まされません。戦略を問いなおすと掲げた以上、否が応でも踏み入らざるを得ない領域と覚悟を決めて、この章を付け加えることにした次第です。言うなれば、本気の戦略論です。

第一節は、私がゼミの学部三回生に、いつも語っていることを書き留めたメッセージです。キーワードは「教養」になります。

第二節は、三〇代前半の中堅社員に送るメッセージです。ここでのキーワードは「自立」です。

第三節は、四〇代の幹部社員に宛てたメッセージです。経営職の一歩手前のキーワードは「理念」です。

1　文系学生に送るメッセージ

†自決権か権勢か

長い人生は、およそ四つのクォーターに分かれると言ってよいかと思います。最初の四分の一は、社会の有用な一員として活躍する基盤をつくる時期に相当します。最後の四分の一は、余生を楽しむ時期に当たると考えてよいでしょう。働いて稼ぐ時代は、この二つのクォーターに挟まれた四〇年前後、日数にして一万日強です。

皆さんは、最初のクォーターの終端近辺に立っています。しばらくすると、働いて稼ぐクォーターが始まりますが、これは間違いなく人生の大きな転機になるでしょう。これまでは親の庇護の下にあったわけですが、長い軒下人生に終止符を打ち、自立する人生の夜明けを迎えるのです。そこから始まる時代は、皆さんがこれまで生きてきた人生の倍も続きます。そこがどれだけ充実したものになるかは、人生の生き甲斐を大きく左右することになるでしょう。

そんな転機を目の前にして、何をしておくべきなのでしょうか。資格を取っておけ、英語だけはやっておけ、運動で体を鍛えておけ。いろいろなアドバイスを耳にするでしょうが、その類の小さな話はどうでもいいと私は思います。それよりも、この時点でのみ為しうる大きな選択について深く考えておくことでしょう。自分が納得してその後の人生を歩んでいくためにも、考えて道を選ぶことは大切です。

では、人生の大きな選択とは何でしょうか。それは、就職をするか否かという選択です。三回生の冬に入ると周囲に押されて何となく就職活動を始める学生ばかりが目に付きますが、大企業のサラリーマン以外にも様々な人生があるのです。

たとえば、弁護士、会計士、税理士、大学教授。この手の伝統的な自由業は、何らかの資格を要しますが、決して閉ざされた道ではありません。いわゆる自営業なら資格も要りません。自営業と言えば、昔は零細商店や町工場のイメージでしたが、いまやエディターやビデオグラファーのように、新たなプロフェッショナルが出現しつつあるのです。

私も自由業という言葉の響きに惹かれた口ですが、自由業や自営業の最大の魅力は、自分で決めて動かせるという一点です。英語ではこれを「自分が自分のボス」と表現しますが、自分の人生を自分でコントロールしたければ、これしか道はありません。誰かに指図されたり、翻弄されたり、ド突き回されたりという世界から逃げたければ、自由業や自営業に限ります。私が通う散髪屋さんや寿司屋さんは、ワールド・カップとなると店を閉めてドイツだろうがどこだろうが飛んでいきます。それはそれで良い人生だと思います。

大企業に就職するということは、人生の自決権を放棄することを意味します。その代わり手に入れる代償が、人生の安定です。長い人生には、良いときもあれば、悪いときもあります。頂点でも谷のどん底でも、大企業なら、食べていくに十分な給料をくれるでしょう。その安心感を他の何事にも代え難いと思うならば、「理不尽な上司に罵倒された」、「不本意な異動を命ぜられた」、「やりたくない残業を押しつけられた」なんて文句は言わないと心に誓って、就職するに限ります。

こんな書き方をすると、就職することに疑問を感じる人も出てくるでしょう。しかし、大企業で働きながら、自決権をある程度回復する道も存在します。それが、大企業の中で、事業部長や役員、または社長といった経営職に就くことです。

大企業の経営職は、ダイナミックな人生を約束してくれます。最後は株主という上司がいるため、どこまで行っても完全な自決権は手に入りませんが、何と言っても他人のふんどしで相撲が取れるのです。自由業や自営業では、動かしても何億円と数十人足らずでしょうが、大企業の経営職は桁が二つか三つ違います。何百億円、何千億円、そして何千人、何万人を動かすのです。これに勝る醍醐味は、他では得られないでしょう。

こういう基本的な選択を目の前にして、まずは自分と向き合うことです。自分は何に価値を見出す人間なのか、何なら我慢できる人間なのか、それを見極めて、悔いの残らない選択をすることでしょう。そのために人と話し、本を読み、悶々と悩み、というのが大学でしておくべきことだと思います。

†前半戦と後半戦

ここから先は、自決権を（暫定的に）放棄して、就職という道を選んだ人に向けてのメッセージです。そのつもりで読み進めてください。

人生が四つのクォーターに分かれるという話をしましたが、中盤の働く四〇年前後も二つに分かれます。前半は、動きながら仕事を覚える期間で、ほとんどの会社で処遇に大きな差はつきません。同期で入社した誰しもが、同じような立場でそれぞれの実務に臨むことになるでしょう。

ところが、後半になると様相は一変します。それまで身につけたものをベースにして、いよいよ会社を動かす舞台に登るのです。もちろん、同期で入社した社員が全員というわけにはいきません。舞台に登るのは、選ばれた人だけです。ここで舞台に登る側に回ると、自分の仕掛けたことが世の中の話題になったり、時代をつくるという実感が得られるようになって、人生が大きく膨らみます。息をつく間もないほど忙しくなりますが、ヒトやカネという経営資源を潤沢に動かしながら、基本的には毎日が楽しくて仕方ないという状態に入るでしょう。

もう少し具体的な話をすれば、サラリーマン人生の前半戦と後半戦を分けるのは、部長昇進という関門です。たいていの会社では、これが四〇代早々にやってきます。もちろん、それまでにも関門はありますが、それはトーナメントではありません。早い遅いはあっても、多くの人が通過する関門です。部長昇進に始まる後半戦は、勝ち抜き型のトーナメント戦に移行します。関門を通過する人と、通過することなくサラリーマン人生を終える人に、見事に分かれていくのです。

安定したサラリーマン人生が、自由業や自営業を上回る醍醐味を持つに至るには、この後半戦でトーナメントを勝ち進まなければなりません。そんなトーナメントに挑む権利を手にするかどうかが、サラリーマン人生前半戦の総決算になるのです。就職してから最初の二〇年間、いったいどこで差がつくというのでしょうか。

答は、会社によりけりです。実績だけで評価する会社もあれば、実力を見極める眼力を備えた会社も存在します。上司に媚びるイエスマンが出世する会社もあれば、排斥される会社もあります。正論を吐く人間を、役員が高く買う会社もあれば、上司が島流しにする会社も珍しくありません。頑張ったからといって必ず報われるわけではありませんし、何で？という人間に追い越されることもあるでしょう。そこがサラリーマン人生の悲しいところです。

これについては、どうしようもありません。就職するならば、せいぜい内定を受諾する前に、上層部にいる人間が本当に信用に足る人物か、または逆に、変な人間が上層部で幅を利かせていないかを自分で見極めるしかないと思います。

この本は、出世の指南書ではありません。また、自決権がないことから、指南のしようもないと思います。私にできるのは、みなさんが前半戦を生き残ると仮定した上で、後半戦で役に立つ知恵を出すことくらいです。以下では、そこに焦点を合わせます。

†シェークスピア

将来に備えて勉強するとなると、実用知識に走る学生をよく見かけます。中小企業診断士の受験勉強も、それに類すると思いますが、どこか違和感を覚えます。

考えてみてください。仕事に就くと、否が応でも、業務知識は身につけざるを得ないのです。そのための学習機会は、会社も提供してくれますし、学習内容に対応する現実に身を置きながらの方が、勉強の効率も上がるでしょう。せっかくの学生時代をそんな勉強に費やすのは、馬鹿げていると思いませんか。

学生時代にしかできないこと、それは一般教養を体系的に身につけることです。英語ではリベラル・アーツ、すなわち自由人にふさわしい教養と言いますが、具体的には、語学、文学、自然科学、哲学、歴史などを含むとされています。私もアメリカ留学時代、シェークスピアの分厚い本を持ち抱える学生をたくさん見かけました。学部を問わず、キャンパスに住み込んで、みんなリベラル・アーツに没入するのです。さすがにこればかりは簡単に追いつけないと感じたことを今でも覚えています。

会社の中で重要な意思決定を委ねられる人となると、大学を出てから二〇年以上の熟年者ばかりです。経験を通して身につけられる事柄は、誰しも身につけています。実務知識や専門知識で大きな差がつく状況にはありません。差がつくとしたら、二〇年以上も前に身につけた一般教養の深さではないでしょうか。

しかも、それが勝負のポイントとなるのです。見えない未来に向かって、時代の趨勢を読み、世界の動向を捉え、技術と市場の進化を予見し、大きな投資判断をするとなると、求められるのは専門知識の深さではありません。実務能力の確かさでもありません。視野の広さこそ、モノを言うのです。まさに歴史観や世界観、そして人間観が問われます。それこそシェークスピアの出番です。

日本企業にとっては、グローバリゼーションが大きな鬼門となっています。その背景には、学生時代にはあまり勉強しなかった経営者が、経営職に就いてから司馬遼太郎や塩野七生を読みあさるという現実があるのです。読まないよりは読んだ方がマシでしょうが、勝負あったの構図です。小説で仕入れた断片的な理解では、欧米のリベラル・アーツ教育に立ち向かえるものではありません。

暇があるときは必要性を感じない、必要性を痛感するときは暇がない、これはパーフェクトな戦略機会の構図です。たいていの人は機会を見送って、後になって後悔しますが、後悔する以外に為すべきことがないという状況に陥ります。そういう機会を活かしてこそ持続的な競争優位が生まれるのに、それを放置して時給九〇〇円のアルバイトに明け暮れるとしたら、それこそ個人レベルの戦略不全と言われても仕方ないでしょう。暇を持てあますのは学生時代だけの特権で、仕事に就けば絶えず〆切に追われる日々が続きます。大学を出る前に何をしておくべきか、よく考えてほしいところです。

†経済史と経営史

戦略論を学びたいという学生に、どんな学習メニューを用意すべきか。試行錯誤の末、私が辿り着いた結論は、経済史と経営史です。もちろんそれだけでは終わりませんが、入口は世界経済史とアメリカ経営史にしようと決めました。経営職を目標に据える学生には、お勧めのメニューです。

世界経済史は、我々がいつ、どこから来たのかを、経済発展の面から見つめる分野です。富める国と貧しい国を何が分けたのか、停滞期と発展期を何が画したのか、経済発展を生むエンジンは何なのか、そんな疑問に目星をつけることを狙っています。ゼミで使うのは、ロンド・キャメロン氏とラリー・ニール氏の共著になる標準的な英文教科書です。

世界経済の流れを頭に入れたら、次は大企業の歴史を繙くステージに進みます。大企業の歴史と言えば、源流は何と言ってもアメリカです。この国は南北戦争で武器の量産に取り組んで以来、大量生産の基盤技術を着々と整えつつありました。そこに大陸横断鉄道の完成が重なったのです。これは全国統一市場を出現させる一方で、資金調達のための株式市場や債券市場の発達を促しました。二〇世紀に入って大企業がその姿を現すに至ったのは、こうして需要と資金と供給力が出揃ったからに他なりません。これが、アルフレッド・チャンドラー先生の言う経営資本主義の誕生物語です。

経営史は、主に大企業興隆の歴史を尋ねます。誰が成功したのか。いつ、どこで、なぜ成功に至ったのか。成功と失敗を分けた鍵はどこにあるのか。そんな疑問に目星をつけることが共通の目標です。ゼミではリチャード・テッドロウ氏の著作を用いますが、他にも良書が数多く存在する分野なので、学生の興味とレベルに応じて本を選んでも構わないと思います。

歴史は未来を照らす光である。これは、多くの先人が語り継いできた賢察です。戦略が本質的に不確定な未来に向けて手を打つものであることは既に繰り返し述べてきましたが、だとすると、歴史の理解に基づいて少しでも未来を鋭く見通した者が、勝利の美酒を最後に味わうことになるでしょう。その美酒のために、歴史を学ぶのです。

しかしながら、歴史が照らすのは未来だけとは限りません。それこそ万事を照らします。我々の周囲には実に様々な出来事が起こりますが、人はそれをどう解釈するのか考えてみてください。出来事が意味を持つのは、それに照らして比較するところのデータベースが頭に入っているからです。何事も、真空状態では意味を持ちません。たとえば、原油が一バレル七〇ドルの値を付けたとします。過去の価格水準を知らないと、これが高いのか安いのかすらわからないのです。

意味解釈用のデータベースが乏しいと、何が起こってもボーッとしているしかありません。同じ出来事に商機や危機の芽を見出す人とは、それこそ雲泥万里の差がついてしまいます。そういうデータベースの中核を成すのは人生の経験ですが、年をとるのは同期入社なら誰でも同じです。年功に甘んじるだけでは、おそらく月並みな解釈しかできないでしょう。そんな凡人に経営を任せれば、同業他社と同質競争を演じることは火を見るより明らかです。それでは会社は報われません。

月並みとは一線を画する意味解釈、すなわちセンス・メイキングをしたければ、データベースの差異化を図ることです。経験ばかりに頼らないで、歴史を学んでおく意義は、非凡な発想の土台を手に入れるためと心得てください。そういう土台は、仕事を始める前に身につけておかないと、必要に迫られてからでは何ともなりません。ドイツの宰相、ビスマルクも語っています。愚者は経験に学び、賢者は歴史に学ぶ。胸に刻んでおくべき名言ではないでしょうか。

2　中堅社員に送るメッセージ

†迷える子羊

まずは中堅社員という言葉の説明から始めましょうか。ここでは、一人前に仕事をこなせるようになった層、しかし管理職にはまだ昇進していない層をイメージしています。年齢にすれば、三〇代前半あたりでしょうか。実務の最前線を担うのはこの層ですが、他方で歯が浮くような「戦略」を振りかざすのも、この層です。この時期に、人は何を経験するのでしょうか。

中堅社員ともなると、働く人間としての物心が付き始めます。そんな中で発見することの一つが、会社や組織は自分がいなくても回っていくという現実です。それまでは、祖父母が掛け値なしに可愛がってくれるところから出発して、自分が世界の中心というものの見方にどこか染まっており、自分より大きな存在は薄々感じていても、実感を迫られたことなどないはずです。ところが、いまや会社なしでは食べていけない自分を自覚します。そして、会社という存在はとてつもなく大きいのです。いくら自分あっての会社と息巻いても、会社は誰か一人欠けたくらいで止まるものではありません。部課長が欠けても平気で存続します。それがわかると、小さな自分の位置付けがわからなくなってしまうのでしょう。

自我のコペルニクス的転換、それがここで起こります。それまで天が自分の周りを回っていたのに、会社の周りを回っている無数の小惑星の一つが自分と気付くようなものです。明確に意識することはないにせよ、これは多くの人にショックをもたらすのではないでしょうか。

反応は、主に二つのパターンをとるようです。その一つが反抗です。第三章の第二節でも書きましたが、これは会社や上司に対する批判という形をとります。公然と批判を口にする人もいますし、内心は不満だらけでも、口には出さない人もいるようです。物心がついて、周りが少しは見えるようになると、アラが目につくというのが直接の原因ですが、この時期は必ずしも全体が見えているわけではありません。したがって、批判は的外れであることが多いのですが、本人にはそれが見えないのです。

もう一つのパターンは、逃避です。サークルめいたものを立ち上げたり、異業種交流に精を出したり、社外の学校に通ったり、会社の外に何か自分の世界を持とうとする動きがそれに相当します。この手のことにエネルギーを費やす人は、意外と少なくありません。しかも費やすエネルギーの大きさには、私もただ驚くばかりです。中途半端ではありません。そういうエネルギーを受けとめ損ねている会社の損失もさることながら、空回りする当人が払う犠牲は深刻だと思います。

逃避は、冷静に考えると、山の避難小屋に駆け込むようなものです。一時的な嵐をやり過ごすにはよいのですが、そこを家とするわけにはいかないのです。しかも会社からの逃避だけで済むならよいのですが、それだけでは終わりません。仕事からの逃避にもなってしまうのです。下手をすると、帰る場所、住み着く場所がなくなってしまいます。それではさすがにまずいと思いませんか。

反抗にせよ、逃避にせよ、持て余すエネルギーは自我の投影です。そういう自我のない人は従順に過ぎて、絶えず現状否定をしなければならない経営をするには不向きでしょう。それを考えると、反抗や逃避に出ること自体は決して悪い兆候ではありません。しかし、反抗や逃避に費やすエネルギーが浪費であることは間違いないのです。この空転エネルギーをどうやって前進につなげるのか、それがこの時期の重要なテーマになるのではないでしょうか。

†精神の自立

経営職を志すならば、中堅社員と呼ばれる時期に、個人として精神の自立を遂げておくべきと私は考えます。そう言うと、戦略を説く本で精神?と怪訝に思う方もいるでしょうが、心の自立なくして戦略などできるものではありません。この点は追って説明するので、まずは自立の意味から始めましょう。

自立と簡単に言いますが、日本人にとって理解するのは難しい概念だと思います。子供に植え付けるべき最も重要な態度を尋ねると、日本は「協調の精神」、アメリカは「自立の精神」に答が集まるそうです。人口が密集する日本と、荒野が広がるアメリカの、それぞれの国情を反映する対比と言ってよいでしょう。しかし、この対比ゆえに、和の国、日本で生まれた我々が自立という概念を本当に理解しているのかは、極めて怪しいと知るべきです。私もアメリカに一〇年以上住んで初めてわかりかけたような気がするというのが、正直なところです。

英英辞典によると、自立の意味は「誰か特定の個人、または不特定多数の人々による、影響や手引きや支配、管理、監督、抑制、制御、統制から自由であること」とされています。これを私なりに補足説明してみましょう。

たとえば儒教は親孝行を重視しますが、これは精神の自立と矛盾する発想です。博愛なら良いのですが、親孝行という発想は特定個人による支配の受容を意味します。アメリカでは、自分の親に忠義を尽くすのに忙しく、他人の親の不幸には目もくれないという人はあまり見かけません。同様に、子供は社会の宝であり、子供を私有する親もあまり見かけません。その点は、親子の相互依存度が高い日本と大違いです。

日本ではぐずる子供に向かって、「××ちゃんを見てごらん、そんなことしていないでしょ」とか、「そんなことする子、お母さんは嫌いよ」と諭す親をよく見かけます。これも、判断の基準を他者に求めるという点で、自立の精神と矛盾する発想です。他者評価を気にして自らの行動を変えるのでは、自立になりません。誰かに褒めてもらいたい、または誰かに認めてもらいたい一心で頑張るのも、やはり自立に反します。判断の基準や、動機の源泉が、肉親を含めた他人から独立していないと、そして自らの中に内在していないと、精神が自立しているとは見なされないのです。

協調は、周囲の人々をよく観察して、みんなの感情や勢いや都合に自らを合わせる行為をしばしば伴います。自己を主張して人とぶつかるよりも、合わせることで和を保つ方が、自分も得をするというわけです。様子見とよく言いますが、これはコトの成り行きを見守るだけでなく、周囲の出方を見極めるという意味合いもあるのでしょう。日本では常道となっています。赤信号、みんなで渡れば怖くない。これも、日本人の集団行動をうまく言い当てた表現だと思います。

戦略は、協調を要することもありますが、基本的には衆知を超えて初めて花開くという代物です。最初から人に合わせるのでは話になりませんし、結果的に人と同じことをしても面白いことにはなりません。であるがゆえに、影響や支配からの自由がモノを言うのです。隠遁でもしない限り、誰しも衆知を形成する報道や論調をシャット・アウトすることは難しいと思います。それでも雑音に惑わされない「絶対音感」のようなものを持つためには、何は無くとも精神の自立が無ければ無理でしょう。

精神の自立を遂げるには、どうすればよいのでしょうか。反抗に費やすエネルギーがあるならば、未開の荒野に突き進め。それに限ると私は思います。

†未開の荒野

普通の中堅社員は、管理職への昇進を契機にして、反抗期に終止符を打つようです。昇進は、会社が自分を認めてくれたという証であり、同時に大きな責任を伴います。だから人は昇進を機に体制につき、与えられた仕事に没入していくのです。

それはそれでめでたいことですが、これは大きな分岐点と言ってよいでしょう。既存事業の中で管理職に昇進するということは、強固な分業体制の中に組み込まれていくことを意味します。明確な分担が与えられ、そこで責任を果たすことを求められる一方で、他の人の分担に口を挟むことは歓迎されません。全体を見渡す余裕も、いつの間にかどこかへ吹っ飛んでしまいます。かくして、有能ではあるけれど、経営をするには視野の狭すぎる実務家への道を歩み出すのです。

もちろん、会社は有能な実務家をたくさん必要とします。全員が経営をしたいと望んでも、それを許すわけにもいきません。したがって、分岐点と言っても、これは純粋に右と左に道が分かれるという話だと受けとめてください。上下や善悪、あるいは幸と不幸の分かれ道と主張するつもりはありません。

しかしながら、全員が有能な実務家では困るのも事実です。その方がかえって会社はうまくいくという時期が数年は続くかもしれませんが、遅かれ早かれ事業環境は変わります。現状維持では立ち行かなくなるでしょう。分業に生きる管理職では、全体の舵をとって、立地や構えや均斉を大きく変えることなどできないのです。全体など見えないのだから、これは仕方ありません。何のことかわからない立地や構えや均整を動かせと言われても、それは無理な相談でしょう。

だからこそ有能な経営者が必要となるのですが、有能な経営者は分業体制の中から生まれるものではありません。自分の分担範囲ではなく、全体を見渡して、仕事のプロセスではなく、結果に責任を持つ、それが経営者ですから、分業の発想に染まっては終わりです。その証拠に、偉大と呼ばれる経営者を見てください。みんな経営しかしたことのない人たちばかりでしょう。創業経営者の強みも、そこにあります。

では、三〇代前半のペーペー社員が分業を避けるには、どんな道があるのでしょうか。答は簡単です。ガチガチの組織がないところに向かえばよいのです。新たに立ち上げる海外拠点は、その好例でしょう。近年の名経営者の多くは海外駐在を経験していますが、それも自立効果と無縁ではないのかもしれません。ただし今からとなると、Ｇ７クラスの先進諸国は論外です。もっと未開の荒野に向かわないと、目的は果たせないでしょう。

未開の荒野と言えば、極めつけは前例がまったく無い世界、すなわち新たに興す新規の事業です。社内に専門家のいない世界なら、誰にも遠慮する必要はありません。一人で何役もこなすのはあたりまえです。経営者としての手口を体得する気なら、これがベストの環境と言ってよいでしょう。自立の心が養われることも間違いありません。

いまや多くの会社が社内公募制度を用意しています。社内ベンチャーを後押しする会社もあるくらいです。会社や上司に反抗している暇があれば、既存の事業に対抗すべきでしょう。自ら手を挙げて、未開の荒野に突き進むのです。そういうリスクを取るのに躊躇するようなら、経営者には不向きと言わざるを得ません。管理職の世界に徹して生きるのがよいと思います。

†闘う一匹狼

迷える子羊が自立を遂げるには、逃避の仕方も考えないといけません。会社に依存するのではなく、会社とイーブンな平面に立つには、会社とは独立に自我を確立することが重要です。したがって会社べったりではまずいのですが、根無し草になってもアウトです。会社から逃げても、仕事から逃げない、それが鉄則でしょう。

会社に不満を覚え、社外の活動に没入するのでは、仕事からの逃避になってしまいます。社会人になった以上、学生時代を引きずることはマイナスにこそなれ、プラスにはならないと思います。社外のビジネス・スクールも、転職を念頭に置いて通うのであれば、やはり避難小屋と言うべきでしょう。どうせ通うなら、今の仕事と結びつけて通うことを勧めます。

何か面白くないことにぶつかった時、仲間と群れてエネルギーを発散する人も多いはずです。それがいけないと言うつもりはありませんが、これもエネルギーを霧散させるだけで、前進にはまったくつながりません。少なくとも、自立の達成に寄与しないことは確かでしょう。

疑念、反感、不満、この類の感情エネルギーが盛り上がってくるときは、自立を遂げる好機だと思います。そんな好機を活かす鍵は、少なくとも男性の場合、一人になることかもしれません。私は、アメリカ北東部の丘陵地帯を週末にひたすら歩きました。木漏れ日を浴びながら、自然の営みを見つめながら、ただただ歩くのです。そして往復の車の中でグリークやスヴェンゼンやフィビッチの音楽に身を沈めました。今から思い返しても多大なエネルギーを要する週末の過ごし方ですが、溜めたエネルギーをぶつけるからこそ、できることだという気がします。

こういう時間を積み重ねると、自分は自分と、不思議なことに腹が据わってきます。そして不安が消え去ります。自分の人生など、雄大な時の流れの中のほんの一コマに過ぎないことがわかるせいかもしれません。道無き道を歩いても、どこかにつながることを知るせいかもしれません。何とかなる、何とでもなる、そんな気がしてきます。組織にしがみつく発想も消え失せます。

ただし、自立と自棄は違います。挑むことが怖くないという点では同じでも、自立には目的が伴うのです。その点で、破滅に向かう自暴自棄とは大違いです。挑みはするけれど、目的を遂げるために、絶えずプランBを持ってこそ本当の自立だと私は考えます。挑むと決めるときの読みがプランAだとすると、プランBは読みが外れた場合にどうするかという腹づもりのことです。これがあれば二枚腰、または潰しが利くという状態になるのです。それが「何とかなる」、「何とでもなる」の裏付けになれば、そう簡単に討ち死にするものではないでしょう。

こう書けばわかると思いますが、精神の自立はリスク・テイキングと深く絡んでいます。リスク・テイキングの前提と言ってもよいかもしれません。条件反射的にリスクから逃げるのではなく、また無謀なリスクに挑むのでもなく、計算不能なリスクをとるためには、協調の精神だけでは済まされません。それを超えた何かが要求されるように思います。それこそが自立の精神であり、それを身につけることこそ、経営職を志す中堅社員に課された試練なのではないでしょうか。

3　幹部社員に送るメッセージ

†創業経営者と操業経営者

あらためて繰り返すまでもありませんが、勝てば官軍です。強さで創業経営者の右に出る人はいないでしょう。セブン－イレブンの鈴木敏文氏、ソフトバンクの孫正義氏、日本電産の永守重信氏、ユニクロの柳井正氏、ワタミの渡邉美樹氏、現役の創業経営者の名を思いつくままに列挙するだけで、イメージは十分に伝わると思います。誰もが強い主張を持ち、情熱がほとばしり、自信に満ち溢れ、凡人を驚かす大胆な行動に打って出ます。

リスクを取って成功した人間は、よく喋り、よく書きます。何と言っても、公知の実績がものを言うし、それにも増して、成功の秘訣を摑み取ろうと人が真摯に耳を傾けます。語るに足る経験も豊富です。こうしてみると、リーダーシップとは生まれながらにして身についているもの、または働きながら身につけるものというよりは、成功のあとについてくるものなのかもしれません。

それに対して、社員上がりの操業経営者は大変です。同期と肩を並べて入社した時点で、会社は既に一定の規模に達していたはずです。本人はまったくリスクを取っていないに等しいでしょう。その後、会社が発展を遂げたとしても、それは社員多数の努力の賜で、自分がやったとはとても言えないと思います。しかも、本人がそれを自覚しているため、社員に語りかけるときも、とかく遠慮が目立ちます。

さらに悪いことに、会社には内部力学が作用します。事業や職能によって「畑」があり、それぞれの畑にエースがいます。創業経営者が天下統一を成し遂げた織田信長や豊臣秀吉だとすれば、操業経営者は群雄割拠する豪族の一人に過ぎないのです。誰が社長の座に就いたとしても、面白くないという畑だらけになるでしょう。

それだけではありません。平社員時代や管理職時代の自分を見ていた人たちが、社内にたくさんいるのです。社長になるとは夢にも思っていなかった頃の言動や振る舞いを誰かが覚えているとしたら、急に偉そうなことを言い出すと逆効果になりかねません。だから低姿勢に拍車がかかります。

こういう構図の中で、操業経営者は安易にものも言えないし、容易に身動きもとれません。創業経営者のように、自分の考えたことを著作に残すことも滅多にありません。その結果、外部からは顔が見えないと文句を言われ、内部からは軽いと見られてしまうのです。そしてあっという間に六年前後の任期が過ぎていきます。

それでも、既存の経営基盤に依って立つだけの経営なら務まるでしょう。ところが、いくら立派な会社でも、中核事業や経営制度には遅かれ早かれ寿命が来ます。操業経営者だって、座っているだけでは会社が傾くというフェーズが必ず来るのです。そこで戦略がちゃんと作動しないと悲劇です。

ここまで書けばわかると思いますが、同じ経営者でも、難易度を問えば、操業経営者の方が創業経営者よりはるかに上に来るのです。そんな難を極める試練に素手で挑んでも、勝ち目はないでしょう。サラリーマンでも、GEで樹脂事業を立ち上げたジャック・ウェルチ氏や、信越化学工業でアメリカの塩ビ事業をものにした金川千尋氏や、セーレンで自動車用内装材の事業を立ち上げた川田達男氏のように、偉大な実績を背景にして社長になった人は、創業経営者に優るとも劣らない力強い経営を実践します。しかし、こんな事例は滅多にあるものではありません。

四〇代で幹部社員と目される人たちは、この試練に思いを馳せる必要があると思います。役員や社長になったら考える、では遅いのです。経営を託される可能性があるならば、今のうちに作戦を練っておくべきでしょう。役員フロアに引っ越すと、以前のように、自分の仕事ぶりを見せることによって部下を動かすというわけにもいきません。顔の見えない社員、訪れたこともない事業所、勘の働かない遠い畑、それらを相手にどう動くのかが問われます。本当に大変です。

†ディズニーのアイズナー

会社を創業したわけでもなく、大きな実績があるわけでもない、そんな操業経営者は、どうすればよいのでしょうか。バランス重視の調整型経営に終始するしかないのでしょうか。本当に低姿勢を保つしかないのでしょうか。

何かあるはずだと考えていたのですが、あるとき本を読んでいて、これだと思うことがありました。その本はウォルト・ディズニー社の前CEO、マイケル・アイズナー氏が在任中に書いた自叙伝で、直訳すれば「進行中の仕事」と題されていました。邦訳は『ディズニー・ドリームの発想』（徳間書店、二〇〇〇年）と言います。

マイケル・アイズナー氏は、ディズニーを再興した人物で、いわゆる中興の祖にあたります。彼がCEOに就任したのは一九八四年のことですが、当時のディズニーは酷い状態にありました。創業者、ウォルト・ディズニー氏が一九六六年に亡くなって以来、キャラクターらしいキャラクターが一つも生まれていなかったのです。ミッキーマウスやドナルドダック、白雪姫やバンビなど、広く知られているキャラクターはすべて創業者が世に送り出し、その後は過去の遺産を食い潰すだけの日々でした。

そこへ乗り込んだアイズナー氏の前職は、パラマウントという映画会社の社長です。ディズニーとは縁もゆかりもない人生を歩んできたわけです。社内では何の実績もありませんし、大人向けの映画を作っていた人間に子供向けアニメの何がわかるのかという懐疑論もあったでしょう。テーマパークに至っては、一切経験などありません。創業経営者の存在が偉大であるだけに、難しい状況だったと思います。

ところが、アイズナー氏は大成功を収めます。自叙伝が出版された一九九八年までに、「リトル・マーメイド」、「美女と野獣」、「アラジン」、「ライオン・キング」などのヒット作を次々と送り出し、テーマパークも活況を取り戻しました。大人向けの映画にも進出し、キャラクター商品のビジネスも立ち上げます。こうしてウォルト・ディズニー社は、創業者の時代を凌駕する成長軌道に乗り、黄金期を迎えるに至ったのです。COOのフランク・ウェルズ氏を事故で亡くした後に晩節を汚したのは残念ですが、それまでの燦然と光り輝く功績は誰も否定できないでしょう。

これだと私が感じたのは、アイズナー氏が就任に際して取った行動です。創業者の姓名がそのまま社名になっている会社から見れば自分は馬の骨であると悟った彼は、創業者と会社の足跡を丹念に研究して、創業理念への回帰を打ち出すのです。しかし、本人が述懐するように、アイズナー氏は創業者を全面肯定したわけではありません。都合の良い所だけ部分的にハイライトしたのです。自分の言葉に合わせて踊る人間はいないであろうから、自分の思いを創業者の言葉で語ろうとしたに違いありません。

社員は特定の上司に忠誠を誓うのではない、会社に対して忠誠を誓うことすらない、操を立てるとすれば傾倒する上司や会社が背負って立つ理念、または価値観に対してである。これはＡＢＢ社の重役、ゴラン・リンダール氏が語った言葉だそうです。これは、なるほどと思いました。人は誰か他の人のために死ぬことはしないけれど、自分の死が体現する理念や価値観のためなら死ねるというのは、わかるような気がします。

創業者が社員から絶大なる支持を集めるとしたら、それも個人としてではないのかもしれません。創業者が体現する理念や価値観が支持を集めるのだとすれば、たとえ大義名分のない操業経営者でも、創業の理念を真摯に語ることによって、創業経営者の成り代わりになれるということです。代理人として、求心力を発揮できるということです。これを使わない手はないでしょう。

†研究すべきは創業の理念

大企業を観察していると、奇妙な対照に気付きます。社員に対して自分も同じサラリーマンと振る舞う社長の傍らで、社員は想像以上に社長の言葉を聞きたがっているのです。考えてみれば、これもわかるような気がします。会社の中で理念を語るとしたら、正統な語り手は社長しかいません。そんな社長に、社員は「死に場」を定めてほしいと願っているのだと思います。もちろん実際に死ぬわけではありませんが、何のために身を粉にするのか、社員は崇高な目的を掲げてほしいと願っているように思えてなりません。会社のトップである社長を俎上に載せていますが、事業のトップも同じことでしょう。

こういう発想から、最近は四〇代の幹部社員の前に立つと、自社の成り立ちを研究するよう勧めています。最初は社史を始めとする資料を繙くところから始めるしかありませんが、何年何月に誰が何をしたという事実を記憶するところに眼目があるわけではありません。会社を形作った人の中に入ってこそ本物です。どんな状況に置かれていたのか、何を見ていたのか、何を考えていたのか、想像力逞しく行間を埋めないことには話になりません。そんな問いかけを、私からぶつけるのです。自信を持って理念を語れるようになるには、この手のトレーニングが有効だと思います。

最近は、リエンジニアリングだの、アウトソースだの、ビジネス・モデルだの、テクニカルな手法の流行が目立ちます。周りの人が盛り上がっているのを無視するには勇気を要するかもしれませんが、その程度の手法や仕組みや仕掛けで、会社が本当に変わると思いますか。変わるはずなどないでしょう。良い会社、強い会社を支えるのは、もっと目に見えないもの、もっと奥深くにあるものです。

たとえばトヨタ自動車。この会社を研究した欧米人が、見て取ったことを手法に落とし込み、それが世界的な流行の震源地になることが多いようですが、どうも解せません。確かにトヨタへ行くと、カンバンだの、見える化だの、五つの何故だの、手法らしきものが至るところに溢れかえっているのが目につきます。最初のうちは私もそうかと思ったのですが、次第に考えが変わりました。本当に印象的なのは、個々の手法ではありません。そういう手法を次々と編み出してくる社員たちの「姿勢」こそ、見て取るに値するのではないでしょうか。

実は、トヨタ自動車は、豊田佐吉氏に始まる創業の原点をとても大切にしている会社です。それに続く豊田喜一郎氏の功労や、大野耐一氏の功績も、しっかりと語り継いでいます。なかでもG型織機、「にんべんのついた自働化」の背後にある理念は、会社の芯と言ってよいでしょう。そんな創業の理念が、人々の「姿勢」を形作っているのだと思います。

DNAという表現も耳にしますが、それでは継承の側面しか強調しないので、それを私は知的精神文化遺産と呼ぶことにしています。

トヨタ以外の会社では、創業の理念が書類の山に埋もれてしまっているところが多いように思います。私が発掘して、初めて創業者の名を社員が知ったという会社もあるくらいです。仕事あっても理念なし、計画あっても大義なし、そんな会社が世界中で支持を集める秀でた会社になるとはとても思えません。忘却の彼方に消え去ってしまう前に、創業の理念を発掘して、知的精神文化遺産の上に立つ強い経営ができるようにすべきではないでしょうか。

うまいことに、知的精神文化遺産を確かめることは、操業経営者が大義名分を手にするための準備にもなるのです。就任してしばらく経つと、人々の新任経営者に対する関心は失せていきます。だからこそ、自分ならいったい何を打ち出すのか、自社や事業の歴史を振り返りながら、今のうちによく考えておくことでしょう。

社員が一つになるとすれば、求心力の源泉は、共通した外敵の存在か、共有する創業のルーツしかないと私は思います。前者に頼る経営者はよく見かけますが、狙いどおり危機感の醸成に成功する人は稀でしょう。大企業が簡単につぶれないことを社員が知っている以上、それは道理です。頼るなら創業の理念、知的精神文化遺産に限ると思います。

†そして立地と構えと均整

理念は、それに照らすと一部の選択肢が論外になるという意味で、選択の自由を狭めます。それが合意形成に役立つのですが、理念に立ち返って考えたからと言って、自ずと答が一つに決まるとは限りません。特に立地や構えや均整を変えるとなると、選択肢が広いだけに、理念だけで何とかなるものではないでしょう。

ここに最後の課題が残るのですが、この判断は当人に委ねるしかありません。そのために経営者が居るわけです。自分が築き上げてきた事業観に照らして、これだと思う道を選び、それを理念に照らして語るほかはないと思います。

この点は、武田薬品工業の武田國男氏や、ブラザー工業の安井義博氏や、キヤノンの御手洗冨士夫氏を見ればわかります。いずれも創業者の血縁にあたる人ですが、名字の上にあぐらをかく経営者ではありません。大義名分をフルに活かしつつ、具体的に立地を変え、構えを変え、均整を変えという荒療治をやり遂げてきたのです。武田氏は海外、安井氏は通信、御手洗氏は脱コンピューターが切り口になりました。大義名分の部分は、操業経営者でも理念を語ることで補えますが、それだけでは足りないと知るべきでしょう。

では、どうすればよいのでしょうか。本当に経営をやろうという人なら、この先は助言など求めはしないはずです。自分で決めるのが醍醐味なのに、何が悲しくて人の意見など聞く必要があるのかと反駁してこそ経営者だと思います。立地や構えに作用する時代の力学をひたすら見据え、潮の流れを読み取るために頭と足を使うべきとだけ、ここでは記しておくことにします。

いろいろと御託を並べてきましたが、その道一〇年、二〇年でやってきた人たちが、どれだけ細部に精通しているかは私も重々承知しています。その理解を基に知恵を絞れば、活路はきっと開けると思います。

唯一警戒するとしたら、無知は闇という図式です。知らない世界は暗闇で、暗闇を怖いと思うのは人間の本能かもしれません。いくら今いる世界が地盤沈下を起こしていても、そこが知り尽くした明るみである以上、人はなかなか暗闇に足を踏み入れようとはしないのです。こうしてジリ貧から抜け出せなくなる例は、枚挙にいとまがありません。あのタイタニック号と共に水死された方の多くも、最後まで船から飛び降りることができなかった人だと言います。傾いてはいくけれど見慣れた明るいデッキと、暗黒の海の間の選択でした。

この現象を回避しようと思えば、無知の闇に光を照らすしかありません。四〇代の幹部社員は、自分が知り抜いた世界で部下に細かい指示を出すよりも、自分が知らない世界を覗きにいくのに時間を使うべきでしょう。それをする余裕があるのも、経営者になるまでのことです。ゴルフをする暇があれば……と言い出すと図に乗るなと言われそうなので、このあたりで止めておきましょうか。

あとがき

私の原点は、教育稼業にあります。教えに立つと、これは困ったという事態に絶えず遭遇し、そこから研究が始まるのです。その意味では、教室が実験場と言ってよいのかもしれません。これまで教室に集まってくれた人たちには申し訳ないのですが、こればかりは仕方ありません。教えながら考える、これは私の体に染みこんでおり、これがあるからこそ、日々向上が実現するのです。

経営戦略を問いなおそうと思い立ったのも、教室からでした。世には経営戦略の教科書が出回っているのですが、戦略を本当に必要とする立場の人たちの前に出ると、教科書では歯が立たないと言わざるを得ませんでした。ポーター流に五つの力を分析しても、その先が続きません。なぜ利益が出ないかはよくわかるのですが、じゃあどうする?となると、ハタと困るのです。見えざる資産にしても、成功の事後的な説明にはなるのですが、どうする?となると困ります。財務状況が芳しくない会社を摑まえて、いつか役に立つかもしれないから何でも溜めておけとはさすがに言えません。価値ある資産と不良資産を事前に見分けるのは、至難の業なのです。

良くなるには時間がかかるんだ、我慢が足りないと啖呵を切って逃げる道も閉ざされています。武田國男氏が社長に就任してからの武田薬品工業のように、急に良くなるケースが世の中にはたくさんあるからです。

じゃあケーススタディはどうかと言えば、これも駄目です。ケースになるのは、やったことに特徴がある会社や、やり方に特徴のある会社だけと相場が決まっています。これでは現象的戦略論しか語れません。いくらアスクルやキーエンスのストーリーが概念的には面白いと言っても、石油化学を生業とする人はどうしろと言うのでしょうか。完全にお手上げです。

こうして試行錯誤がスタートして、やっと抽象的戦略論や現象的戦略論に替わる何かを摑みかけたという気がします。繰り返しになりますが、戦略の一般論は簡単です。戦略の個別論も、後付けの説明なら簡単です。ところが、いざ応用となると、足がすくみます。特定の事業が置かれた立場に立ってみると、本当に難しいのです。本に出ている程度のことなら、その道一筋三〇年という人たちが、既に何度も試みているのが普通と来ています。一晩唸る程度で何とかなるものではありません。

そういう難しい現実を一つ見て、二つ見て、という場を積み重ねて、早くも一〇年。中に入って見つめた事業は一〇〇を超えました。その節目に、だんだんわかってきたことを記したのがこの本です。既存の戦略論が形から入る一般論だとすれば、これは戦略の現場から発想した実践論のつもりです。

もちろん、これが入口に過ぎないことは承知しています。これだけでは、まだまだ教室がもちません。この先は、ゼロからスタートする創業のケースではなく、既存の事業が変わったという事例を積み重ねる必要があると思っています。それを体系的かつ網羅的にやろうとするプロジェクトは、既に立ち上げました。面白いから取り上げようではなく、長期で見て結果が出ているか否かを問うという意味で、結果主義の戦略論だと私自身は捉えています。次は、それを研究書として世に送り出すつもりです。

結果主義と並んで、本書の発想にはもう一つ特徴があります。それは、結果（業績）に至る因果の捉え方です。従来の戦略論は、経営の営為が結果につながるという暗黙の仮定を置いていました。ところが、経営の営為に焦点を合わせた教科書をいくら勉強しても、戦略のできない人が、急に戦略の名人になるということはなかったように思います。それは、経営の営為が、原因と結果の真ん中に横たわる中間変数に過ぎないからだと私は考えるようになりました。そこであらためて見つめてみると、結果につながる本当の原因は、営為の背後に控える「事業観」にあるのではないかという見方が浮かんできたのです。だったら、戦略を直接説くよりも、事業観を鍛えるに限ります。これが実学的戦略論の全体像です。

私が実学的戦略論を標榜できるのも、現実に首を突っ込む場を支えてくれる人たちがいたからに他なりません。青池、伊藤、梅沢、鴨頭、清田、工藤、桑原、駒川、小松、定平、志垣、重光、関根、高橋、谷山、田村、土田、中町、守屋、矢島、山口、吉田の各氏には、深く御礼を申し上げます。

最後にもう一言。この本を仕上げるにあたっては、ちくま新書編集部の石島裕之氏が、丁寧な本作りに取り組んでくれました。そして、校正を担当してくれた中村紀子氏の仕事には、書くという作業の奥の深さを教えられたと感じています。両氏を始めとして、本書の刊行を支えてくれた方々に、あらためて感謝いたします。

二〇〇六年六月

三品和広

ちくま新書
619

経営戦略《けいえいせんりゃく》を問《と》いなおす

二〇〇六年 九 月一〇日 第一刷発行
二〇〇六年一二月 一 日 第三刷発行

著者 三品和広（みしな・かずひろ）

発行者 菊池明郎

発行所 株式会社 筑摩書房
東京都台東区蔵前二-五-三 郵便番号一一一-八七五五
振替〇〇一六〇-八-四一二三

装幀者 間村俊一

印刷・製本 三松堂印刷 株式会社

乱丁・落丁本の場合は、左記宛に御送付下さい。
送料小社負担でお取り替えいたします。
ご注文・お問い合わせも左記へお願いいたします。
〒三三一-八五〇七 さいたま市北区櫛引町二-六〇四
筑摩書房サービスセンター
電話〇四八-六五一-〇〇五三

© MISHINA Kazuhiro 2006 Printed in Japan

ISBN4-480-06322-6 C0234

ちくま新書

396 組織戦略の考え方 ——企業経営の健全性のために 沼上幹

組織を腐らせてしまわぬため、主体的に思考し実践しよう！ 組織設計の基本から腐敗への対処法まで「これウチの会社！」と誰もが嘆くケース満載の組織戦略入門。

225 知識経営のすすめ ——ナレッジマネジメントとその時代 野中郁次郎 紺野登

日本企業が競争力をつけたのは年功制や終身雇用の賜物のみならず、組織的知識創造を行ってきたからである。知識創造能力を再検討し、日本的経営の未来を探る。

464 ホンネで動かす組織論 太田肇

「注文が殺到して嬉しい悲鳴！」とか「全社一丸となって！」というのは経営側に都合のいい言葉であって、従業員には響かない。タテマエの押し付けはもうやめよう。

492 技術経営の挑戦 寺本義也 山本尚利

日本企業が世界と伍するためには、技術力において競争優位を確保するしかない。世界の優秀企業を徹底検証し、いま日本企業が取り組むべき新しい「技術経営」を探る。

340 現場主義の知的生産法 関満博

現場には常に「発見」がある！ 現場ひとすじ三〇年、国内外の六〇〇〇工場を踏査した〝歩く経済学者〟が、現場調査の要諦と、そのまとめ方を初めて明かす。

446 会社をどう変えるか 奥村宏

会社なしには現代社会は維持できないが、その信頼は失われつつある。変革の試みを歴史的に検証し、法人資本主義でも株主主権でもない理想の会社の条件を考える。

455 創造経営の戦略 ——知識イノベーションとデザイン 紺野登

企業の成長力とは何か？ それは組織や個を貫く「創造性」である。本書では「ブランド」「経験」「デザイン」などの概念を紹介し、次代の経営戦略の在り方を探る。

ちくま新書

538 現場主義の人材育成法　関満博

若者に夢がない、地域経済に元気がない——そんな通説を覆す、たくましいリーダーが各地に誕生している。人材はどのように育つのか？　その要諦を明かす待望の書。

559 中国経済のジレンマ ——資本主義への道　関志雄

成長を謳歌する一方で、歪んだ発展が社会を蝕んでいる中国。ジレンマに陥る「巨龍」はどこへ行くのか？　移行期の経済構造を分析し、その潜在力を冷静に見極める。

565 使える！　確率的思考　小島寛之

この世は半歩先さえ不確かだ。上手に生きるには、可能性を見積もり適切な行動を選択する力が欠かせない。確率のテクニックを駆使して賢く判断する思考法を伝授！

582 ウェブ進化論 ——本当の大変化はこれから始まる　梅田望夫

グーグルが象徴する技術革新とブログ人口の急増により、知の再編と経済の劇的な転換が始まった。知らないではすまされない、コストゼロが生む脅威の世界の全体像。

581 会社の値段　森生明

会社を「正しく」売り買いすることは、健全な世の中を作るための最良のツールである。「M&A」から「株式投資」まで、新時代の教養をイチから丁寧に解説する。

610 これも経済学だ！　中島隆信

各種の伝統文化、宗教活動、さらには障害者などの「弱者」などについて「うまいしくみ」を作るには、「経済学」を使うのが一番だ！　社会を見る目が一変する本。

002 経済学を学ぶ　岩田規久男

交換と市場、需要と供給などミクロ経済学の基本問題から財政金融政策などマクロ経済学の基礎までを現実の経済問題にそくした豊富な事例で説く明快な入門書。

ちくま新書

003 日本の雇用 ——21世紀への再設計 島田晴雄
成長の鈍化、人口の高齢化、情報化社会の進展など、メガ・トレンドの構造変化とパラダイム転換を視野におさめつつ、今後の日本の雇用と賃金のあり方を提言。

035 ケインズ ——時代と経済学 吉川洋
マクロ経済学を確立した今世紀最大の経済学者ケインズ。世界経済の動きとリアルタイムで対峙して財政・金融政策の重要性を訴えた巨人の思想と理論を明快に説く。

065 マクロ経済学を学ぶ 岩田規久男
景気はなぜ変動するのか。経済はどのようなメカニズムで成長するのか。なぜ円高や円安になるのか。基礎理論から財政金融政策まで幅広く明快に説く最新の入門書。

080 国際経済学入門 ——21世紀の貿易と日本経済をよむ 中北徹
国際経済学の基本としての貿易、国際収支、為替レートの問題から海外投資、内外価格差の問題にいたるまでを明快に解説するとともに新時代の日本経済のあり方を説く。

093 現代の金融入門 池尾和人
経済的人口的条件の変化と情報技術革新のインパクトにより大きな変貌を強いられている現代の金融を平易・明快に解説。21世紀へ向けての標準となるべき会心の書。

263 消費資本主義のゆくえ ——コンビニから見た日本経済 松原隆一郎
既存の経済理論では説明できない九〇年代以降の消費不況。戦後日本の行動様式の変遷を追いつつ、「消費資本主義」というキーワードで現代経済を明快に解説する。

336 高校生のための経済学入門 小塩隆士
日本の高校では経済学をきちんと教えていないようだ。本書では、実践の場面で生かせる経済学の考え方をわかりやすく解説する。お父さんにもピッタリの再入門書。